子どもに伝えたい
和の技術

6

和楽器《わがっき》

JAPANESE MUSICAL INSTRUMENTS

著　和の技術を知る会

はじめに

豊かな和楽器の世界

和楽器というとみなさんはどんなイメージをもっていますか。盆《ぼん》おどりや祭りのときの囃子《はやし》などで演奏《えんそう》される太鼓《たいこ》や笛の音などでしょうか。能楽《のうがく》という舞踊劇《ぶようげき》で使う鼓《つづみ》や、歌舞伎《かぶき》という芸能《げいのう》で使われる三味線《しゃみせん》などを知っていますか。和楽器は、明治時代に西洋から入ってきた、ヴァイオリン、ピアノ、クラリネットなどに代表される洋楽器とは別に、日本の伝統《でんとう》音楽の演奏《えんそう》に使われるいろいろな楽器のことです。歴史は古く、千数百年も昔から現代《げんだい》でも演奏《えんそう》されているものもあります。また古くは中国大陸や朝鮮《ちょうせん》半島から伝わったものもあります。よく日本の文化は、このように近くの国から、または明治時代には西洋からの影響《えいきょう》も受けているといわれています。しかし和楽器は、わたしたちが音を楽しむくらしの中で、独自《どくじ》に発展《はってん》し作られてきたものがたくさんあります。いろいろな和楽器を知り、どんな技術《ぎじゅつ》で作られ、どんな背景《はいけい》があるのか、いっしょにたずねてみましょう。知れば知るほど、日本の文化の深さを知り、和楽器のすばらしさがわかるはずです。

もくじ

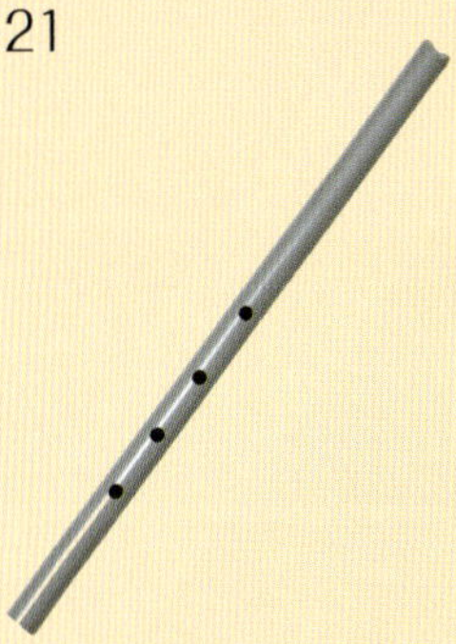

■日本の伝統音楽である邦楽では、ジャンルにより、同じ楽器でもよび名や部位の名称の表記がちがうものがあります。本書は各ジャンル、楽器にあわせて表記しております。

和楽器の世界へようこそ

いろいろな和楽器を知る

和楽器は、演奏《えんそう》の方法で種類を分けるよび方があります。それは箏《こと》や琵琶《びわ》、三味線《しゃみせん》などの「ひき物」、笛や尺八《しゃくはち》などの「吹《ふ》き物」、太鼓《たいこ》や鼓《つづみ》などの「打ち物」などです。音楽ジャンルごとのいろいろな和楽器を見ていきましょう。

雅楽《ががく》の楽器

雅楽《ががく》は、天皇《てんのう》や貴族《きぞく》の前や、大きな寺院や神社で演奏《えんそう》され伝えられてきた、日本でもっとも古い音楽のひとつです。楽器も演奏法《えんそうほう》も1,000年以上変わりません。使う楽器は管楽器、絃楽器《げんがっき》、打楽器の3種類です。

鉦鼓《しょうこ》

雅楽《ががく》で唯一《ゆいいつ》の金属《きんぞく》楽器です。青《せい》銅《どう》で作られ、楽太鼓《がくだいこ》にわずかに遅《おく》れてチチンと打ちます。

鉦鼓《しょうこ》本体の全長・約15cm
全体の高さ・約80cm
全体の最大幅《さいだいはば》・約29cm

楽太鼓《がくだいこ》

雅楽《ががく》の舞台《ぶたい》中央におかれ枠《わく》につるすので釣太鼓《つりだいこ》ともよばれます。胴《どう》にはあざやかな模様《もよう》が描《えが》かれています。

太鼓《たいこ》本体の全長・約50～60cm
全体の高さ・約140cm
全体の最大幅《さいだいはば》・約80cm

管絃《かんげん》

鞨鼓《かっこ》

曲のはじまりや終わりの合図を出したり、曲の速度など全体の流れで重要な役割《やくわり》をします。

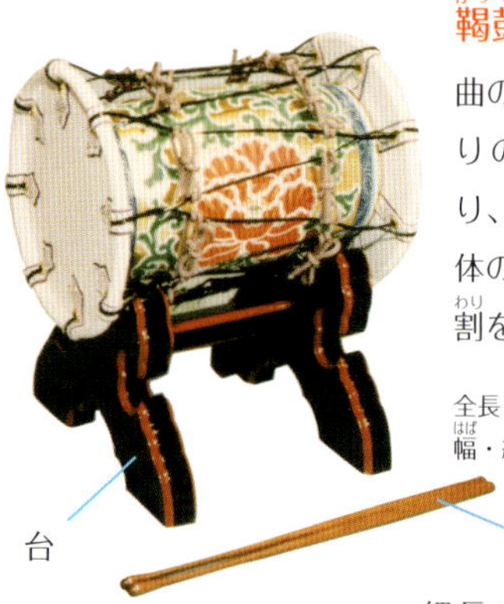

全長・約30cm
幅《はば》・約25cm

細長い2本の桴《ばち》で両面を横から打ちます。

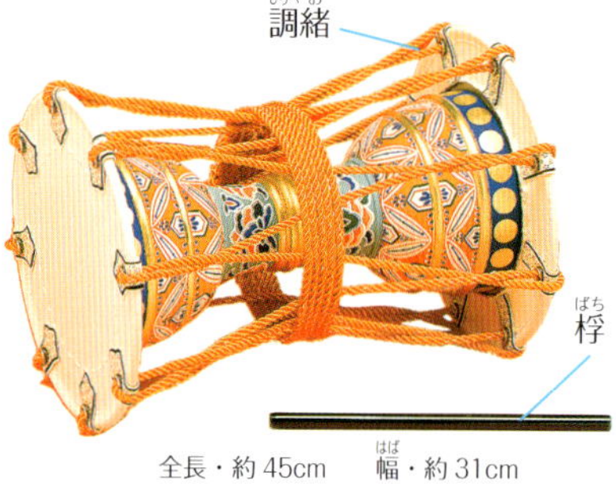

全長・約45cm　幅《はば》・約31cm

三《さん》ノ鼓《つづみ》

中央がくびれており、台に乗せずに左手で調緒《しらべお》をにぎって、右手で桴《ばち》を持ち打ちます。

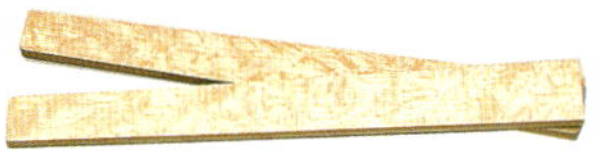

全長・約36cm

笏拍子《しゃくびょうし》

歌《うた》のリズムを整える打楽器です。もともとは貴族《きぞく》が礼装《れいそう》に使用した笏《しゃく》（細長い板）に由来します。

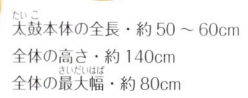

神楽笛《かぐらぶえ》

雅楽《ががく》の神楽歌《かぐらうた》で使われるもので、指孔《ゆびあな》は6つ。
龍笛《りゅうてき》より低くやわらかい音が出ます。

龍笛《りゅうてき》

中国から伝来した唐楽《とうがく》で使われていたといわれています。横笛《おうてき》ともよばれ、指孔《ゆびあな》は7つあり、いきおいのある、するどい音で、旋律《せんりつ》や装飾音《そうしょくおん》を担《たん》当《とう》します。

高麗笛《こまぶえ》

朝鮮《ちょうせん》半島から伝わった高麗楽《こまがく》や東遊《あずまあそび》に使われ、指《ゆび》孔《あな》は6つで、龍笛《りゅうてき》より高くするどい音が出ます。

篳篥《ひちりき》

奈良時代より前に中国から伝来したといわれています。小型ですが、音量は大きく、人の声や歌に近いといわれています。主《しゅ》旋律《せんりつ》を受けもちます。

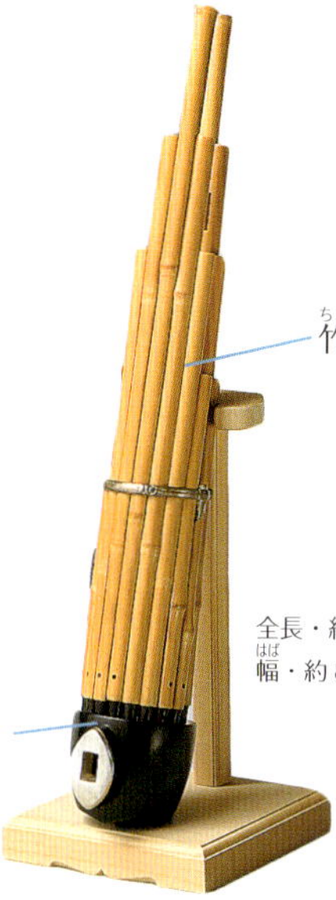

笙《しょう》

17本の長さのちがう竹をならべて、作られています。いくつかの音を同時に鳴らすことができ、ほかの楽器を包みこむような音が出ます。

舞楽《ぶがく》「打球楽《たぎゅうらく》」

楽箏《がくそう》

雅楽《ががく》に使われる 13 本の絃《げん》がはられた楽器《がっき》で、現在《げんざい》の箏《こと》の原型といわれています。管絃《かんげん》の演奏《えんそう》では吹《ふ》き物（笙《しょう》、篳篥《ひちりき》、龍笛《りゅうてき》）の旋律《せんりつ》に沿《そ》ってリズムをきざみます。

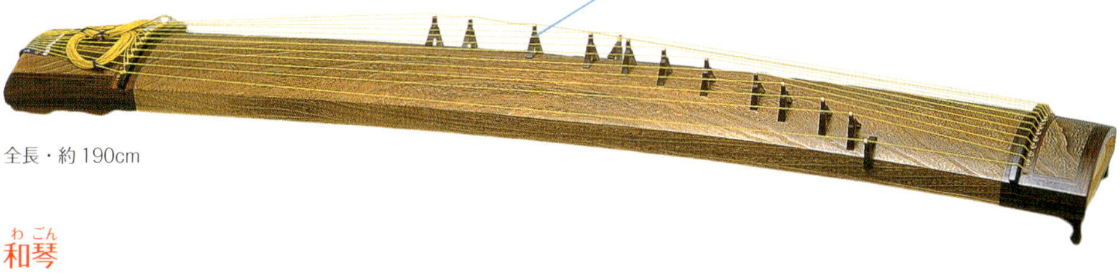

和琴《わごん》

6本の絃《げん》がはられた箏《こと》で、古墳《こふん》時代から日本にあったといわれ、楽器の祖先《そせん》と思われる埴輪《はにわ》が出土しています。日本古来の神楽歌《かぐらうた》や東遊《あずまあそび》などで使われます。

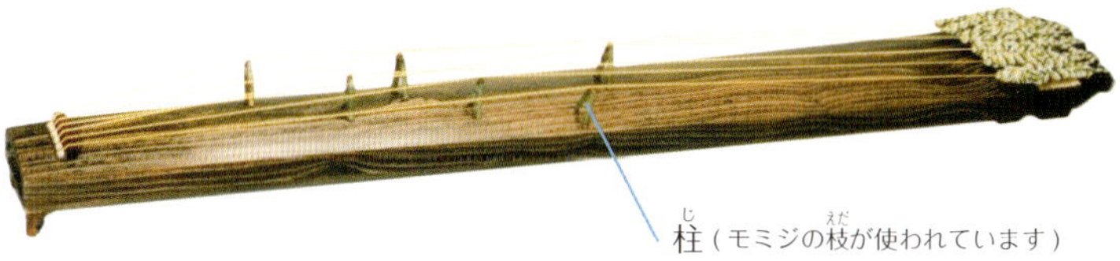

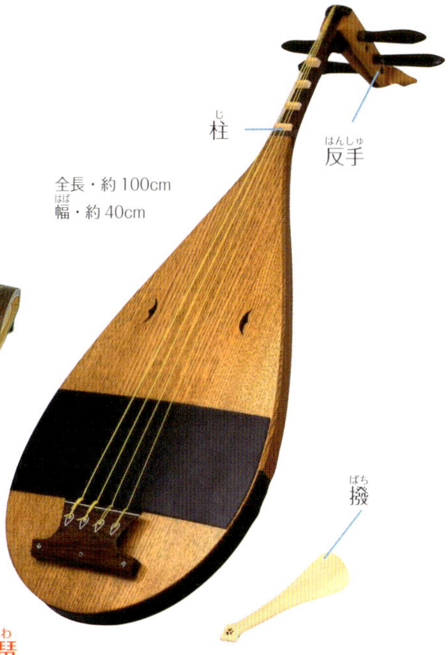

楽琵琶《がくびわ》

雅楽《ががく》で使われている、4絃《げん》の琵琶《びわ》で奈良時代に中国から伝来したといわれています。現在《げんざい》の琵琶《びわ》より大きく、横にかまえて演奏《えんそう》します。

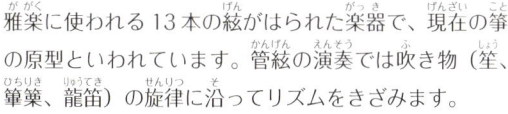

能楽《のうがく》の楽器

能楽《のうがく》は、役者たち（役によっては能面《のうめん》をつける）が、ことばを語り、謡《うた》い、演《えん》じ、劇《げき》を進行する「音楽舞踊劇《ぶようげき》」です。四拍子《しびょうし》とよばれる４種類の和楽器を使い、650年以上の歴史をもち、江戸時代までは猿楽《さるがく》や申楽《さるがく》とよばれていました。

笛《ふえ》

能《のう》の世界では単に「笛《ふえ》」とよばれます。竹製《たけせい》で７つの指孔《ゆびあな》があり、漆《うるし》を何層《なんそう》にもぬり重ねて作られています。独特《どくとく》の音色が出て、吹《ふ》くと音程《おんてい》は一管一管ずつ、みな微妙《びみょう》にことなります。

能演目《のうえんもく》「乱《みだれ》」

小鼓《こつづみ》

ふだん鼓《つづみ》といえば小鼓《こつづみ》のことです。弾力性《だんりょくせい》のある多彩《たさい》な音とかけ声で、演奏《えんそう》していきます。胴《どう》にほどこされたきらびやかな装飾《そうしょく》は美術的価値《びじゅつてきかち》があります。

全長・約25cm

大鼓《おおつづみ》

小鼓《こつづみ》よりひとまわり大きく、「おおかわ」ともよばれます。演奏《えんそう》前に皮を火であぶり乾燥《かんそう》させ、調《しら》べというひもの部分できつく締《し》めあげます。するどくつきぬける音が特徴《とくちょう》です。小鼓《こつづみ》とともにすべての曲で演奏《えんそう》します。

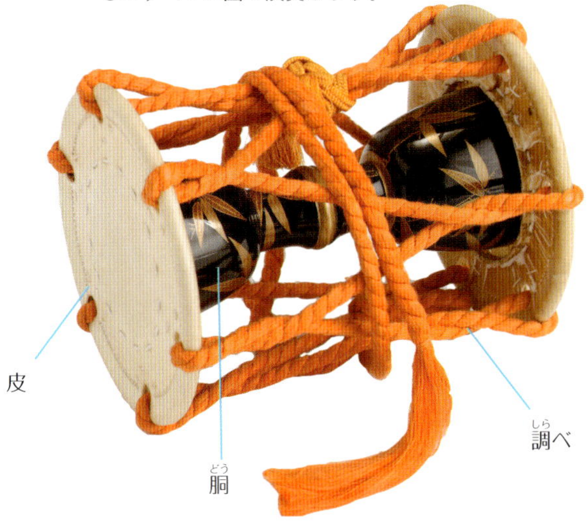

全長・約30cm

太鼓《たいこ》

調《しら》べというひもの部分を木の枠《わく》の台にかけ、床《ゆか》においで両手の撥《ばち》で上から打ちます。調《しら》べの締《し》めかげんで微妙《びみょう》に音が変わります。

高さ・約15.5cm（台はふくまない）

胴《どう》（上）、皮（中）、台（左下）、撥《ばち》（右下）
（別に調《しら》べがあります）

箏曲《そうきょく》の楽器

箏曲《そうきょく》とは箏《こと》の音楽の総称《そうしょう》で、器楽も声楽もふくみます。中国には古代から箏《そう》と琴《きん》という2種類の「こと」があり、奈良時代ごろ日本に伝わりました。現在《げんざい》日本で使われている「こと」というと、13本の絃《げん》をもつ箏《そう》をさします。材料は桐《きり》で作られ、全体を天に舞《ま》う竜《りゅう》に見立て、各部に名前がついています。

十三絃《じゅうさんげん》（山田流）

ふっくらとした甲羅状《こうらじょう》の板に、13本の絃《げん》をはりわたします。柱《じ》に絃《げん》をかけ、その位置で音程《おんてい》を調《ちょう》整《せい》し、右手にはめた爪《つめ》で絃《げん》をはじき音を出し演奏《えんそう》します。

全長・約182cm

箏《こと》と三絃《さんげん》（三味線《しゃみせん》）の合奏《がっそう》

竜尾《りゅうび》

山田流の絃《げん》は、均《きん》一《いつ》に流します。

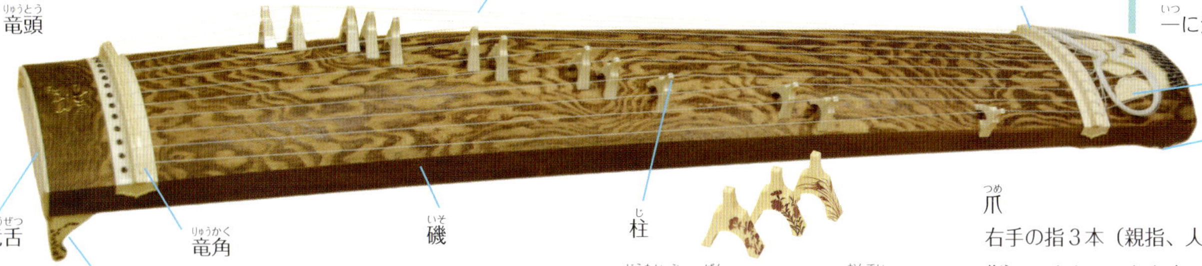

胴体部《どうたいぶ》と絃《げん》の間に立て、音程《おんてい》を調整し音階を作ります。

爪《つめ》

右手の指3本（親指、人さし指、中指）にはめてひきます。山田流（丸《まる》爪《づめ》）、生田流《いくたりゅう》（角爪《かくづめ》）と流派《りゅうは》で形がちがいます。

山田流

生田流《いくたりゅう》

十三絃《じゅうさんげん》（生田流《いくたりゅう》）

生田流《いくたりゅう》の十三絃《じゅうさんげん》は、昔は房飾《ふさかざ》りがあり約190cmでしたが、現在《げんざい》は、山田流と同じ規格《きかく》です。

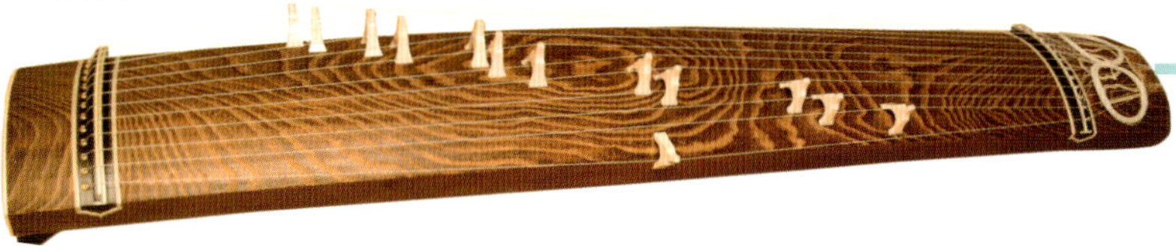

竜尾《りゅうび》

生田流《いくたりゅう》の絃《げん》は、3つに束ねます。

十七絃《じゅうしちげん》

箏曲《そうきょく》の演奏家《えんそうか》であり、作曲家《さっきょくか》の宮城道雄《みやぎみちお》が、1921（大正《たいしょう》10）年に考案しました。17本の絃《げん》があり、十三絃《じゅうさんげん》より大きく、曲の低音部を担当《たんとう》する箏《こと》です。

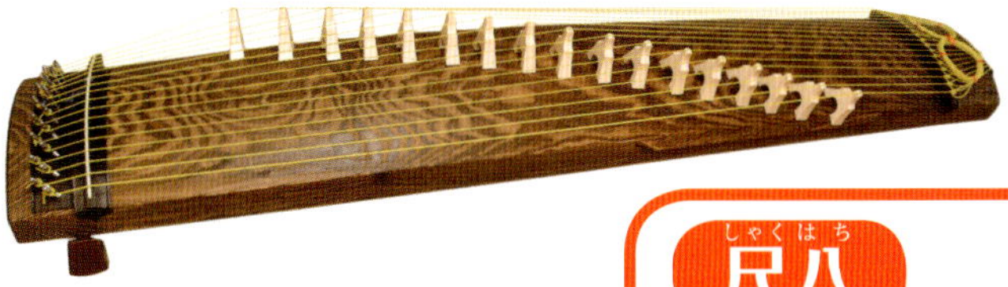

全長・約210cm

短箏《たんごと》

宮城道雄《みやぎみちお》により、箏《こと》の教育普及《ふきゅう》用にと考案されました。

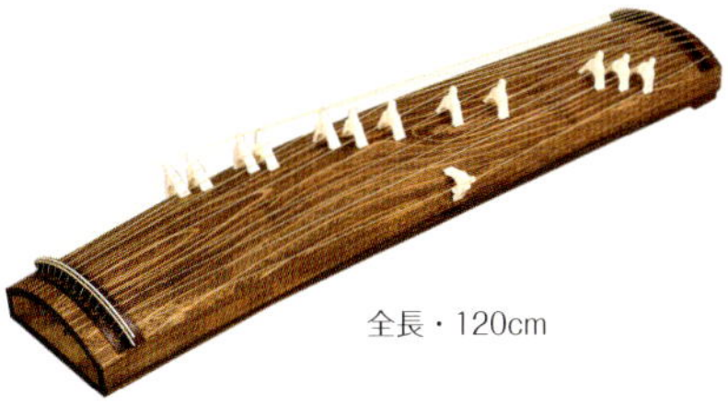

全長・120cm

尺八《しゃくはち》

竹製《たけせい》のたて笛で、長さが1尺《しゃく》8寸《すん》（約54.5cm）あるので尺八《しゃくはち》といわれます。竹の筒《つつ》に指孔《ゆびあな》をあけた素朴《そぼく》な楽器ですが、吹《ふ》く人の息づかいによって、さまざまな音色を奏《かな》でる奥深《おくぶか》い和楽器です。箏曲《そうきょく》の合奏《がっそう》にも使われます。

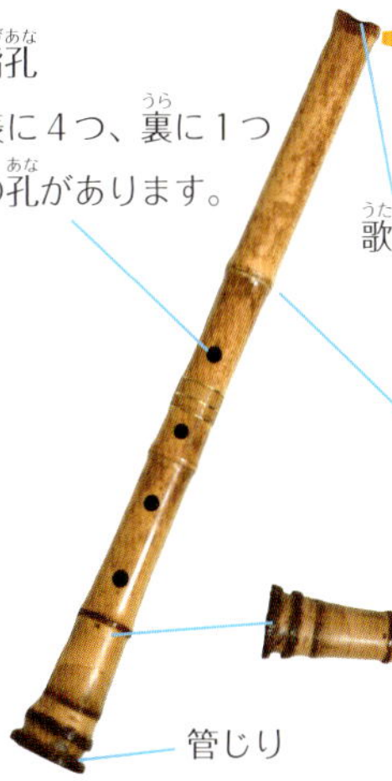

指孔《ゆびあな》

表に4つ、裏《うら》に1つの孔《あな》があります。

歌口《うたぐち》

ななめに切り落とされた、息を吹《ふ》く部分です。

管じり

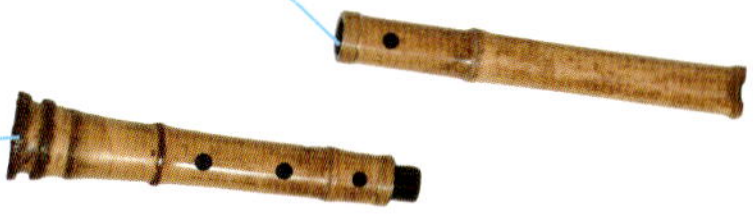

2つに切り離《はな》せます。

※箏《こと》の場合、絃《げん》と書いて「いと」と読むこともあります。

長唄《ながうた》・邦楽囃子《ほうがくはやし》の楽器

長唄《ながうた》は江戸時代に歌舞伎《かぶき》の伴奏《ばんそう》として誕生《たんじょう》した軽快《けいかい》で粋《いき》な音楽です。長唄囃子《ながうたはやし》は能楽囃子《のうがくはやし》から発生し歌舞伎《かぶき》とともに発展《はってん》してきました。三味線《しゃみせん》とともに、歌舞伎《かぶき》や日本舞踊《ぶよう》などで舞台《ぶたい》に出て演奏《えんそう》するのが出囃子《でばやし》。使う楽器は小鼓《こつづみ》、大鼓《おおつづみ》、締太鼓《しめだいこ》、笛の４種類で四拍子《しびょうし》といい邦楽囃子《ほうがくはやし》ともいいます。

長唄《ながうた》「元禄花見踊《げんろくはなみおどり》」の演奏《えんそう》

三味線《しゃみせん》

中国の三弦《サンシェン》や沖縄の三線《さんしん》から発展《はってん》して、16 世紀後半に大阪の堺《さかい》に伝わったといわれています。江戸時代には歌舞伎《かぶき》や文楽《ぶんらく》、祭り、民謡《みんよう》などにも使われました。日本の代表的な和楽器のひとつです。

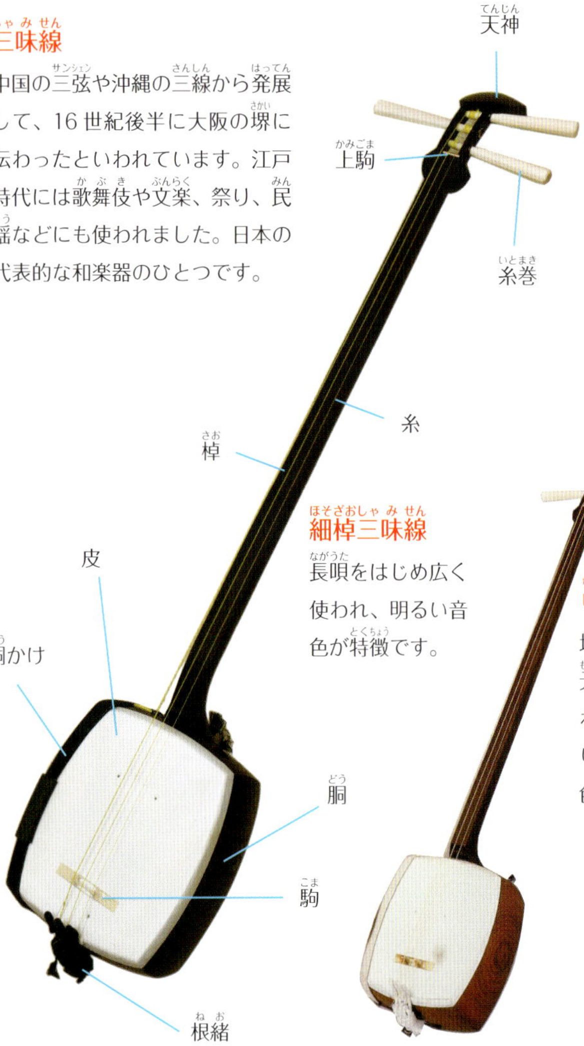

細棹三味線《ほそざおしゃみせん》

長唄《ながうた》をはじめ広く使われ、明るい音色が特徴《とくちょう》です。

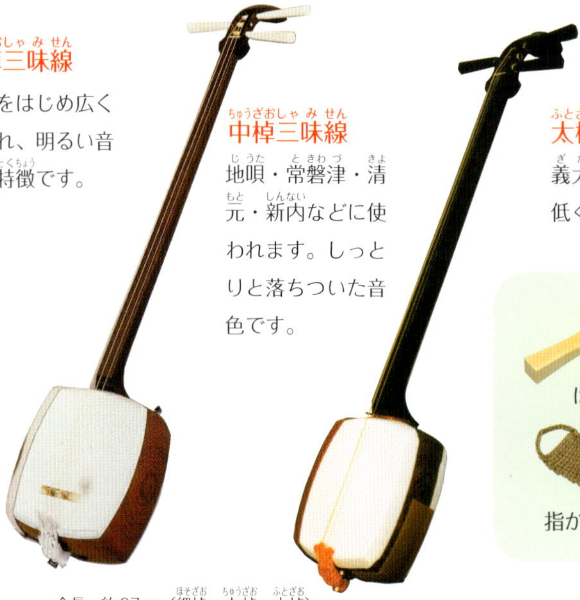

中棹三味線《ちゅうざおしゃみせん》

地唄《じうた》・常磐津《ときわづ》・清元《きよもと》・新内《しんない》などに使われます。しっとりと落ちついた音色です。

太棹三味線《ふとざおしゃみせん》

義太夫《ぎだゆう》や津軽三味線《つがるしゃみせん》などに使われ、低く太い音色です。

全長・約 97cm（細棹《ほそざお》・中棹《ちゅうざお》・太棹《ふとざお》）

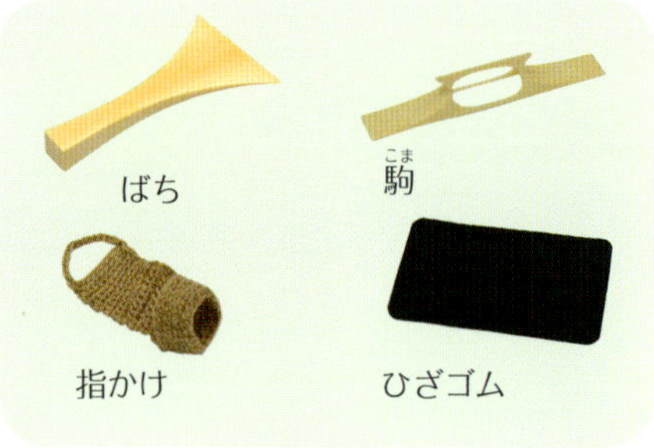

能管《のうかん》

締太鼓《しめだいこ》

高さ・約 15.5cm
幅《はば》・約 35cm

小鼓《こつづみ》

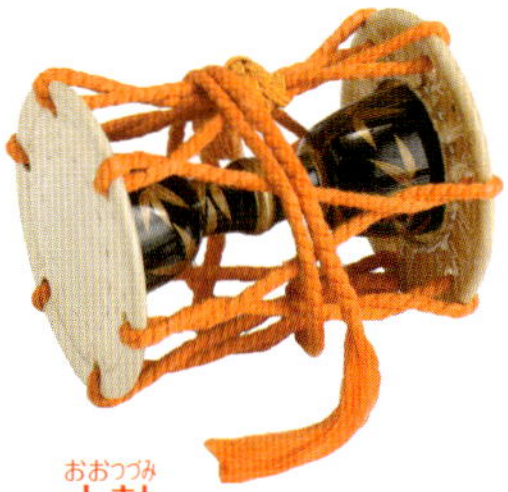

大鼓《おおつづみ》

篠笛《しのぶえ》

篠竹《しのだけ》で作られ、竹笛ともよばれます。歌舞伎《かぶき》から神楽《かぐら》、獅子《しし》舞《まい》、民謡《みんよう》と、幅広《はばひろ》く使われます。

黒御簾《くろみす》（下座《げざ》）音楽

歌舞伎《かぶき》などで、舞台下手《ぶたいしもて》（向かって左）の黒ぬりの御簾《みす》をたらした小部屋で演奏《えんそう》される音楽や効果音《こうかおん》は、「黒御簾《くろみす》音楽」、「下座《げざ》音楽」とよびます。演出効果《えんしゅつこうか》を高めるための音楽で、用いるのは大鼓《おおつづみ》、小鼓《こつづみ》、締太鼓《しめだい》、笛に加え、大太鼓《おおだいこ》、三味線《しゃみせん》、効果音《こうかおん》のための打ち物などさまざまです。

木柾《もくしょう》

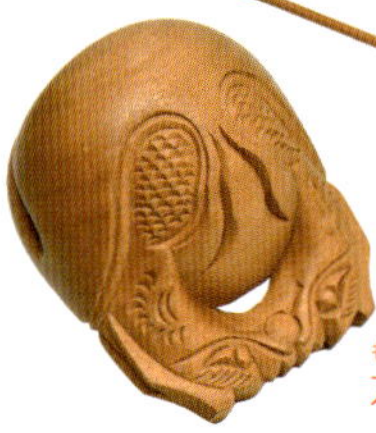

木魚《もくぎょ》

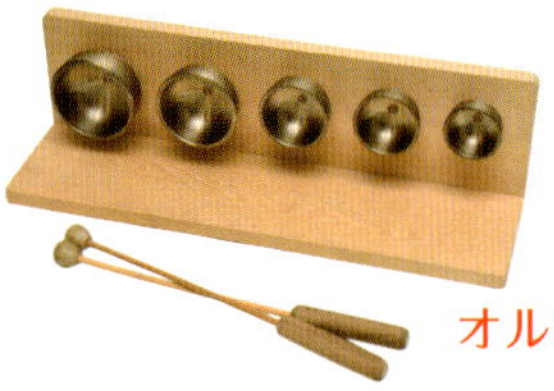

オルゴール

雨団扇《あめうちわ》

祭囃子《まつりばやし》・神楽囃子《かぐらばやし》の楽器

日本の各地でおこなわれるさまざまな祭り、寺院や神社からきこえてくる笛や和太鼓《わだいこ》の音などに代表される祭囃子《まつりばやし》や神楽囃《かぐらばや》子《し》。それらには打楽器を中心にした和楽器が使われます。

大太鼓《おおだいこ》

胴《どう》の長さが皮の直径より長く長胴太鼓《ながどうだいこ》ともよばれます。囃子《はやし》や祭礼で使われることが多く、「和太鼓《わだいこ》」といえばこの太鼓《たいこ》をイメージすることでしょう。(14ページ参照《さんしょう》)

大締太鼓《おおしめだいこ》・桶締太鼓《おけしめだいこ》

どちらも祭りのときに使われます。桶締《おけしめ》太鼓《だいこ》は胴《どう》が1枚板《まいいた》ではなく、桶《おけ》のように何枚《なんまい》かの木で作られています。

獅子舞《ししまい》

獅子《しし》の囃子《はやし》にあわせて舞《ま》う江戸獅子《しし》舞《まい》。

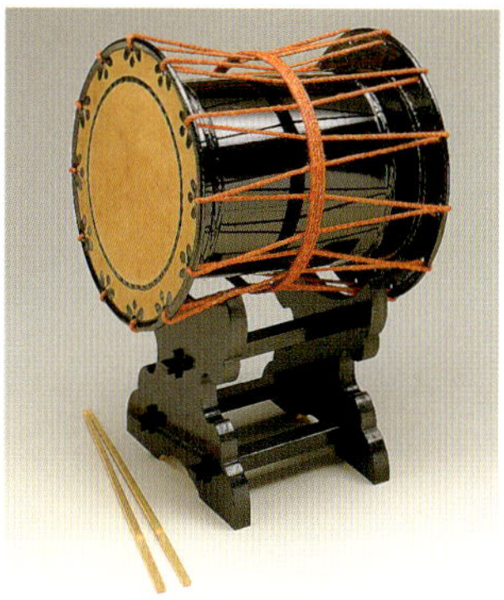

大拍子《だいびょうし》

鼓《つづみ》を大きくしたような形で、竹の細ばちでたたきます。神楽囃子《かぐらばやし》や歌舞伎《かぶき》に使われます。

大太鼓《おおだいこ》（直径30～90cm)、大拍子《だいびょうし》（直径24～45cm）など、いろいろなサイズがあります。

江戸獅子舞《ししまい》の囃子《はやし》

篠笛《しのぶえ》

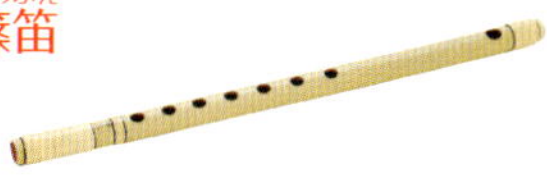

締太鼓《しめだいこ》

当《あた》り鉦《がね》

おもに祭囃子《まつりばやし》のときに使われます。四助《よすけ》ともよばれます。

祭囃子《まつりばやし》

祭りを盛《も》りあげる打ち物

祭りといえば太鼓《たいこ》といわれるほど、日本の祭りにかかせない楽器です。種類のちがいはありますが、日本人の心に奥深《おくぶか》く根づいている打楽器です。

底抜屋台《そこぬけ》

屋台といえば祭りのときの飲《いん》食店《しょくてん》を思いうかべますが、かつては祭礼で、囃子《はやし》を演奏《えんそう》する人たちをのせる山車《だし》などのことでした。屋台《やたい》の太鼓《たいこ》を打ちながら歩いて移動します。

祭礼用曳太鼓《ひきだいこ》〈山車《だし》〉

子どもたちが綱《つな》を引っぱり、街をねり歩きます。曳太鼓《ひきだいこ》は神輿《みこし》が来ることを知らせる役目もあり、太鼓《たいこ》の大きな音は邪気《じゃき》をはらうといいます。

和楽器作りの技《わざ》を見てみよう

箏《ことづく》作りのスゴ技《わざ》

和楽器は美しい音色を奏《かな》でると同時に、見た目の美しさもたいせつに作られます。まずは、箏作《ことづく》りでのさまざまな作業から、どのような技《わざ》が使われているのか見てみましょう。

抗菌《こうきん》や美しい木目を際立《きわだ》たせるために、表面を焼く「甲焼《こうや》き」は、集中力を必要とする作業です。

箏《こと》は何でできている？

本体…桐《きり》という木でできていて、大きさのわりに軽いのが特徴《とくちょう》です。船のようにくりぬいて、底に別に用意した板をはりあわせて作られています。

細工…紅木《こうき》などのかたい木材、象牙《ぞうげ》などのほか、部分的に金属《きんぞく》も使われます。

絃《げん》…絹《きぬ》やナイロンなどです。

箏作《ことづく》りの流れ

ここでは大まかな流れを紹介《しょうかい》します。右ページでそれぞれの技《わざ》を見ましょう。

1 サイズを確認《かくにん》

型をおいて、ひとまわり大きくしるしをつけます。

2 けずって調整

カンナでけずり、目安の大きさに整えます。

3 中をくりぬく

チョウナという道具でだいたいの深さにくりぬきます。

4 中をけずる

カンナで裏面《うらめん》をなめらかにけずります。

5 中を彫《ほ》る

美しい「綾杉《あやすぎ》」とよばれる模様《もよう》に彫《ほ》ります。

6 裏板《うらいた》をはる

底になる板を本体の大きさにあわせてはり、「締《し》め枠《わく》」で固定してひと晩《ばん》おきます。

7 表面を焼く

焼きごてで表面に焼き色をつけます。

8 表面をこする

石膏《せっこう》の粉をこすりつけてから、米ぬかをまき、ブラシ状《じょう》の道具でこするなどして、余分《よぶん》なこげを落としながら、木目を出します。

9 飾《かざ》り

絃《げん》をはるための雲角《うんかく》や竜角《りゅうかく》、そのほか柏葉《かしわば》や竜舌《りゅうぜつ》などの飾《かざ》りをつけます。

10 調絃《ちょうげん》

調絃《ちょうげん》（絃《げん》を締《し》める作業）は販売店《はんばいてん》などでおこないます。絃《げん》ははると、のびたりいたんだりするので、購入者《こうにゅうしゃ》が決まってから調絃《ちょうげん》します。

甲羅《こうら》どりの技《わざ》

決められた曲線になるよう、型で曲線を確認《かくにん》しながら、カンナで少しずつけずって微調整《びちょうせい》をします。【箏作《ことづく》りの流れ 1・2】

中けずりの技《わざ》

本体の厚《あつ》さを決めるために、中をけずります。チョウナでだいたいの厚《あつ》さにしてからカンナでなめらかにしあげます。【箏作《ことづく》りの流れ 3・4】

カンナでけずったもののにおいをかぐと、木の乾《かわ》き具合がわかり、それによって乾燥《かんそう》の時間を調整することもあります。

綾杉彫《あやすぎぼ》りの技《わざ》

箏《こと》の裏《うら》には前後に音穴《いんけつ》とよばれる穴《あな》があります。音穴《いんけつ》から見える本体の裏側《うらがわ》に、少しでも音がよくなるように、ノミで細かな模様《もよう》を彫《ほ》ります。【箏作《ことづく》りの流れ 5】

甲焼《こうや》きの技《わざ》

鉄のこてを赤くなるまで熱したものを、表面にすべらせて焼き色をつけます。こての重さが本体に伝わると燃《も》えたりへこんだりするので、微妙《びみょう》な力加減《ちからかげん》でこてを動かします。【箏作《ことづく》りの流れ 7・8】

余分《よぶん》なこげを落とすと、美しい木目があらわれます。

飾《かざ》りの技《わざ》

本体と絃《げん》以外の部分の細工をします。桐《きり》以外の素材《そざい》を型にあわせて作り、裏《うら》に土台となる朴《ほう》や桜《さくら》の木などをはりあわせます。本体はその土台分浅くけずり、飾《かざ》りをはめて接着剤《せっちゃくざい》でつけます。たいへん細かく、手間のかかる作業です。【箏作《ことづく》りの流れ 9】

飾《かざ》りとなる紅木《こうき》に土台となる木をはりあわせ、けずって大きさをあわせます。

柏葉《かしわば》とよばれる部分をつけるために、本体を浅くけずる前に型をとっているところです。

生田流《いくたりゅう》の箏《こと》の竜尾《りゅうび》

象牙《ぞうげ》で作られた柏葉《かしわば》です。象牙《ぞうげ》はかたく形を作るのがたいへんなうえ、柏葉《かしわば》の縁《ふち》だけを残した「すかし作り」はより高い技術《ぎじゅつ》が求められます。

三味線作《しゃみせんづく》りのスゴ技《わざ》

三味線《しゃみせん》は紅木《こうき》などのかたい素材《そざい》ほど音がよいとされ、それだけに切ったりけずったりする作業がたいへんになります。繊《せん》細《さい》な技《わざ》の一部を紹介《しょうかい》します。

棹作《さおづく》り

荒木《あらき》というおおよその大きさに作った木材を、3つにノコギリで切り分けます。切るときはつぎ手の部分をかぎ形にします。つぎ手は、ノミやヤスリを使ってぴったりあうように調整します。その後、持つ部分を丸くけずり、天神《てんじん》の部分を作り、全体をみがきます。

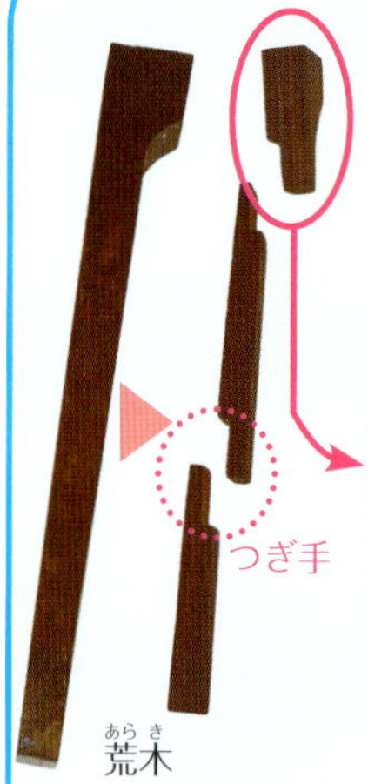

荒木《あらき》

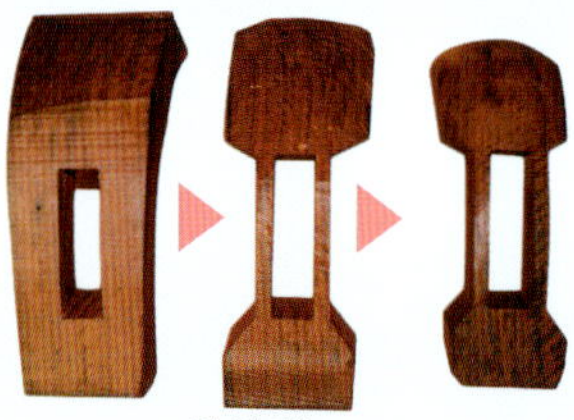
天神作《てんじんづく》り

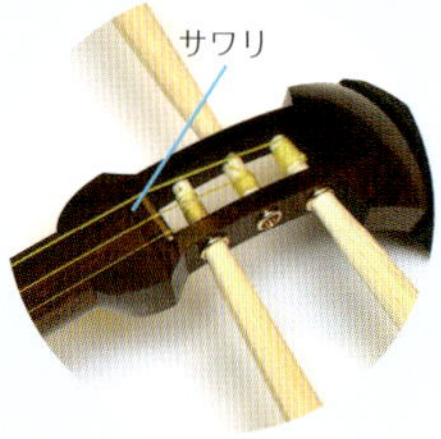

つぎ手に「ほぞ」という木の部品をつけ、その凹凸《おうとつ》がぴたりとあうようにします。組み立てるとつなぎ目がわからないほどです。

何度も組み立てながらけずり具合を微調整《びちょうせい》します。つぎ手を1か所あわせるのに丸1日かかるといいます。

胴作《どうづく》り

4枚《まい》の木でそれぞれ形を作り、組みあわせて胴《どう》の枠《わく》にします。高級な三味線《しゃみせん》は、内側に模様《もよう》が彫《ほ》られ、より美しい音色になるように細工されます。

三味線《しゃみせん》は何でできている？

棹《さお》・胴《どう》の枠《わく》…紅木《こうき》、紫檀《したん》、花梨《かりん》などのかたい木材を使います。

胴《どう》の皮《かわ》…猫《ねこ》や犬《いぬ》の皮を使います。練習用には合成皮革素材《ごうせいひかくそざい》の場合もあります。

糸巻《いとま》き・駒《こま》・ばち…象牙《ぞうげ》、べっ甲《こう》、木材、プラスチックなどが使われます。

糸…絹《きぬ》またはナイロンを使います。

皮はり

皮は、向きや位置を決めて大きめに切ってから、ぬらした手ぬぐいではさんで湿《しめ》らせます。やわらかくなったら、のりをつける部分を軽石でこすり、木せんで皮の端《はし》をはさみます。胴《どう》のふちにのりをつけて皮をのせ、はり台にひもでしっかり固定して、皮をのばしながら締《し》め、乾《かわ》かします。

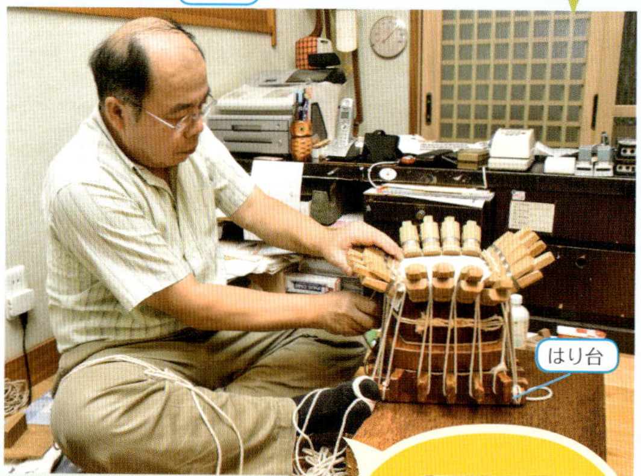

くさびを打ちこんで、さらにはり具合を調整します。

ばちのあたるほうを強くはるなど、音をききながら確認《かくにん》します。

しあげ

各パーツを組み立て、糸巻きをつけて糸をはり、駒《こま》をつけて調絃《ちょうげん》をすれば完成です。

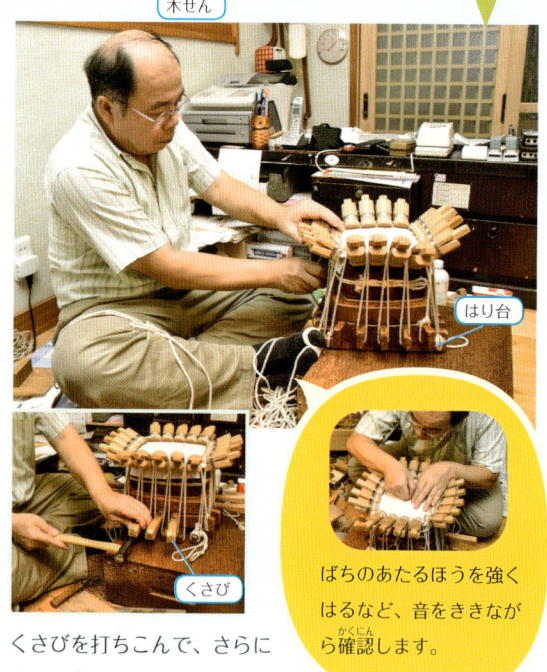

尺八《しゃくはち》作《づく》りのスゴ技《わざ》

竹に5つの孔《あな》をあけたシンプルな構造《こうぞう》の楽器ですが、とても奥《おく》深《ぶか》い音を出すことができます。どのように作られ、どんな技《わざ》が使われているのか見てみましょう。

※尺八《しゃくはち》は素材《そざい》や作り手により作業の手順が変わります。ここで紹介《しょうかい》するのは一例です。

尺八《しゃくはち》は何でできている？

管…真竹《まだけ》という竹で作られます。管じりは根の生えている部分を必ず使います。内側や「中つぎ」というつなぎ目にうるしをぬります。

歌口《うたぐち》…息を吹《ふ》きかける部分には水牛の角をはめこみます。

ため

かたい植物素材《しょくぶつそざい》を折らずにじっくり力をかけて曲げることを「ため」といいます。竹の曲がり具合を確認《かくにん》し、ほどよく形を整えます。

竹のかたさや曲がり具合によって力を加減《かげん》します。

長さを決める

尺八《しゃくはち》の基本《きほん》の長さ「1尺《しゃく》8寸《すん》（約54.5センチ）」のうち、下の管じりは根の部分、歌口《うたぐち》は節の部分を使います。専用《せんよう》のものさしで管じりから長さを測《はか》り、歌口《うたぐち》の位置を決めます。歌口《うたぐち》の位置があわない場合は、中つぎで調整します。

節ぬき

竹の節にドリルで孔《あな》をあけてから、棒状《ぼうじょう》の鉄のヤスリでなめらかにけずります。

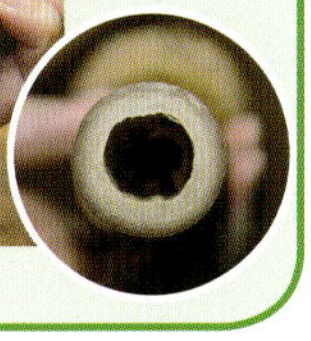

中つぎを作る

両方のつなぎ目の内側をけずり、ひとまわり小さな短い竹の筒《つつ》をはめます。

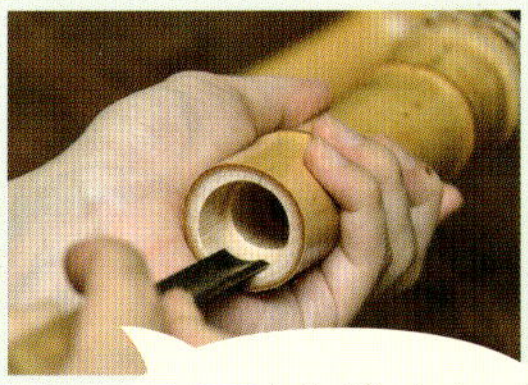

少しでもゆがむとまっすぐつながらないので、繊《せん》細《さい》な技《わざ》が必要です。

うるしぬり

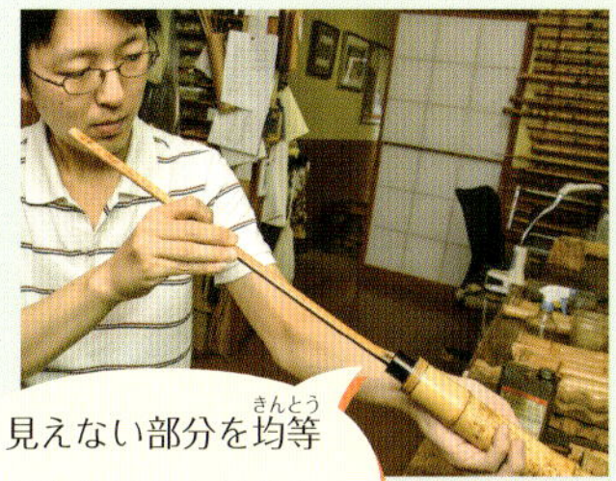

細長い道具を使い、管の内側にうるしをぬります。「下ぬり」と「しあげぬり」でうるしを使い分け、何度かぬり重ねます。うるしは竹を湿気《しっけ》から守ったり、音色に影響《えいきょう》したりします。

見えない部分を均等《きんとう》にぬるのはたいへんな作業です。

うるしがかたまるには湿気《しっけ》が必要なので、箱に入れてかためます。

歌口《うたぐち》を作る

息を吹《ふ》きかける部分をななめに切り、水牛の角をはめる部分の形を切ります（流派《りゅうは》により形はちがう）。そこに水牛の角をはめこみ、ヤスリでなめらかにします。

背面《はいめん》のあごがあたる部分はヤスリでけずり、丸みをつけます。

指孔《ゆびあな》あけ

中つぎをつなげ、ものさしで指孔《ゆびあな》の位置にしるしをつけます。前面に4つ、背面《はいめん》に1つあけます。

歌口《うたぐち》から一直線に指孔《ゆびあな》がならぶように、しっかり確認《かくにん》します。

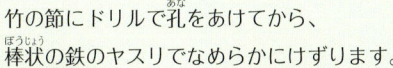

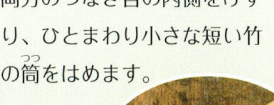

和太鼓《わだいこ》作りのスゴ技《わざ》

祭りや神社などで多くの人が目にする大きな和太鼓《わだいこ》は、長胴《ながどう》太鼓《だいこ》とよばれます。どのように作られているのでしょうか。今でも、昔ながらの方法を残しながら、手作りされています。

胴《どう》の中をくりぬく

うまくくりぬいたものは、中で手をたたくと音が響《ひび》きます。

原木のまま３年以上寝《ね》かせてしっかり乾燥《かんそう》させます。昔は工具を使って手作業でくりぬいていましたが、今は機械でけずることがほとんどです。ただし、くりぬきが大きいと胴《どう》がうすくなって割《わ》れやすくなり、くりぬきが小さいと音の反響《はんきょう》が悪くなるので、ちょうどよくくりぬくには職人《しょくにん》の技《わざ》が必要です。

胴《どう》の外側をけずる

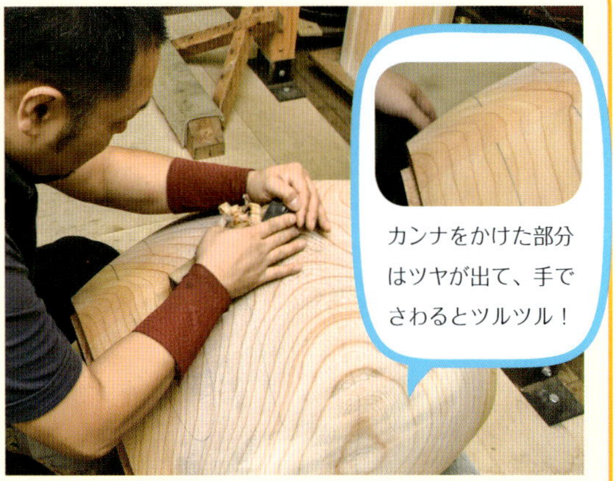

カンナをかけた部分はツヤが出て、手でさわるとツルツル！

まず、機械でおおよその形にあらけずりしてから、カンナでけずり表面をなめらかに整えます。カンナがけは、年輪の中心から上下に分けてけずるのが基本《きほん》です。カンナの刃《は》の出し方と微妙《びみょう》な力加減《ちからかげん》、刃《は》をあてる部分を少しずつ重ねる間隔《かんかく》など、どれも繊細《せんさい》な技《わざ》が光ります。

色つけ

胴《どう》の表面にとの粉をぬって導管《どうかん》（木が水を吸《す》いあげるための細い管）をふさぎ、ニスなどでツヤを出します。見た目を美しくするだけでなく、素材《そざい》を長もちさせる効果《こうか》もあります。乾《かわ》いてから、環《かん》という金具をつけます。

長胴太鼓《ながどうだいこ》って何でできているの？

胴《どう》…おもに欅《けやき》、または栗《くり》、栃《とち》などの太い幹《みき》をくりぬいて作ります。持ち手になる環《かん》は金属《きんぞく》を使います。
皮《かわ》…牛の皮をはり、金属《きんぞく》のびょうを打ってとめます。

皮はり

皮はりは、引っぱったり、たたいたりして、皮をちょうどよい状態《じょうたい》にのばすことです。下の作業を何度もくりかえして少しずつ皮をのばしながら、ちょうどよい音色にしていきます。

作業の音がテンポよく響《ひび》きます。

皮のエンに棒《ぼう》を通してひもをかけ、はり台に固定して皮をのばしていきます。

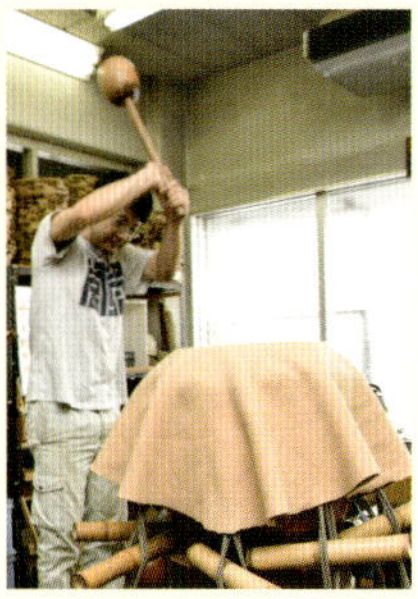

太鼓《たいこ》の上に毛布《もうふ》をかぶせ、先端《せんたん》が丸い木づちでいきおいよくたたき、皮のはり具合を均《きん》一《いつ》にします。

ばちで皮全体をたたき音の高さを確認《かくにん》します。

びょう打ち

皮ののばし具合が決まったら、びょうを打って皮を固定すれば完成です。腕《うで》の力だけでたくさんのびょうを等間隔《とうかんかく》で２周打ちこんでいくのは、とてもたいへんな作業です。

奏者《そうしゃ》が組み立てる打ち物

奏者《そうしゃ》本人が組み立てたり分解《ぶんかい》したりして調整する楽器があります。調《しら》べというひもで、2枚《まい》の皮と胴《どう》を固定する、邦楽囃子《ほうがくはやし》の2つの楽器の組み立て方を見てみましょう。

締太鼓《しめだいこ》

演奏《えんそう》する前に調《しら》べ(ひも)を強く締《し》め、音色を作ります。締《し》めるときには専用《せんよう》の、かたい樫《かし》でできた「あげばち」を使います。

1

上下の皮の間に胴《どう》をはさみます。必ずひざの上でおこないます。

※調《しら》べを替《か》えるとき以外は小鼓《こつづみ》のように調《しら》べをつけたままにします。

2

たて調《しら》べを上下の皮のふちに通し、締《し》めていきます。

3

1周したら結び、もう一度少しずつたて調《しら》べをひいて、ゆるみをとり、しっかりと締《し》めてから結びなおします。

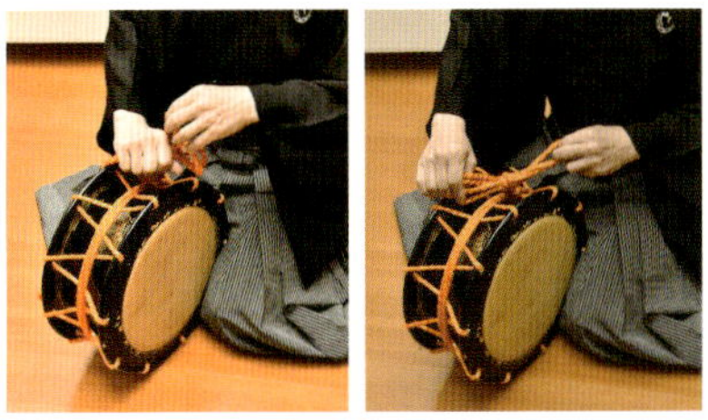

4

たて調《しら》べの上から横調《よこしら》べを三重にかけて結びます。

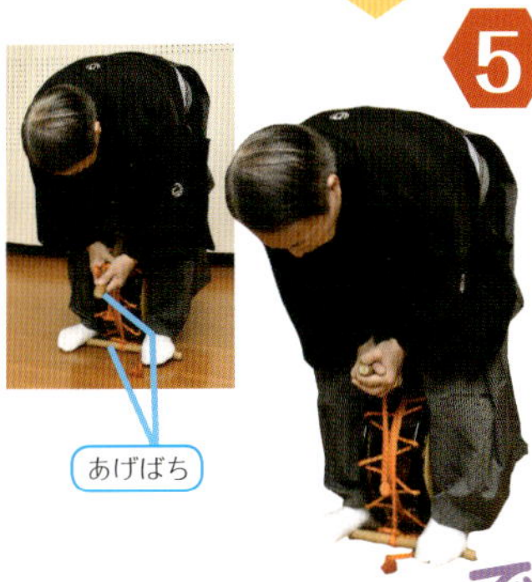

5

横調《よこしら》べの一方をあげばちにかけて足でおさえ、もう一方を片方《かたほう》が平らなあげばちにかけ、てこの原理を利用してしっかりと締《し》めます。横調《よこしら》べを締《し》めることで、たて調《しら》べがいっそう締《し》まります。結びなおして結び目を整えれば完成です。

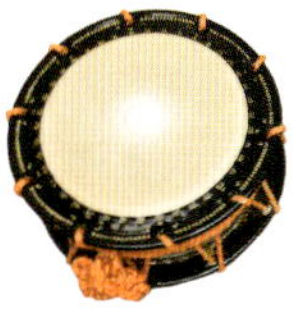

できあがり！

小鼓《こつづみ》

演奏中《えんそうちゅう》も調《しら》べ(ひも)で調律《ちょうりつ》する繊細《せんさい》な小鼓《こつづみ》は、分解《ぶんかい》して収納《しゅうのう》し、演奏《えんそう》のたびに組み立てます。

1

左の写真のように調《しら》べを通した状態《じょうたい》で収納《しゅうのう》しています。

ひざの上で上下に皮を広げて持ちます。

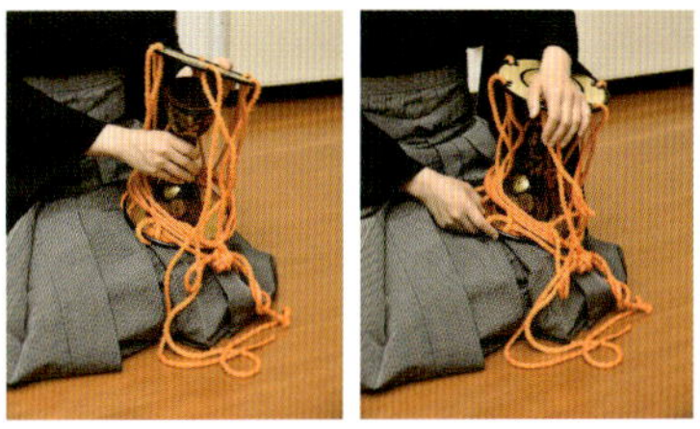

2

皮の間に胴《どう》を入れ、上から腕《うで》でおさえます。

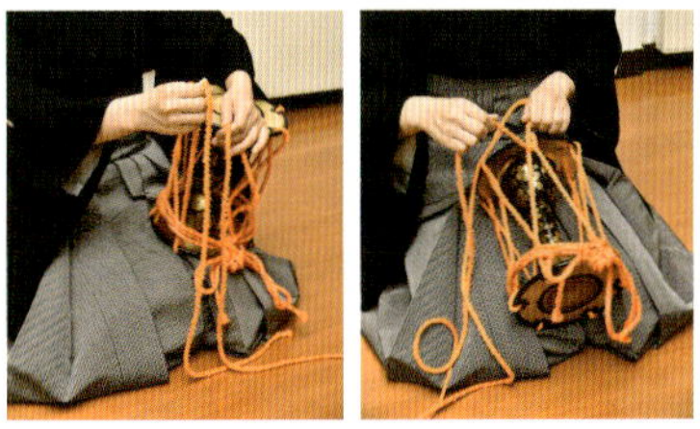

3

たて調《しら》べを、端《はし》から少しずつ引いて締《し》めていき、ゆるみをとっていきます。

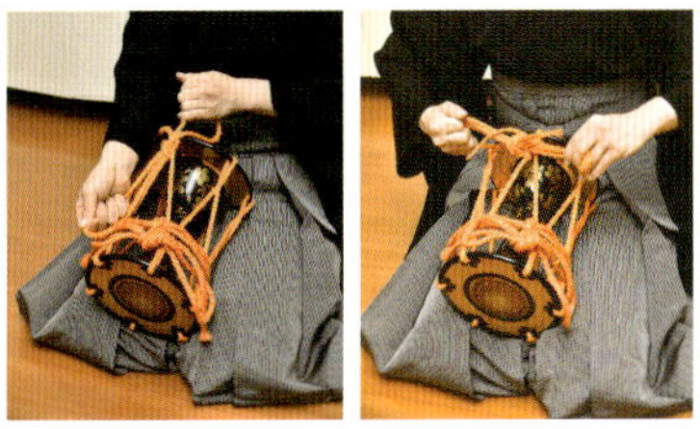

4

ゆるまないように、しっかり結びます。

5

別の短いひもで、横調《よこしら》べをたて調《しら》べに結んで固定します。横調《よこしら》べの結び目を整えたら完成です。

できあがり！

和楽器演奏《えんそう》の技《わざ》を見てみよう

※和楽器の演奏《えんそう》は、流派《りゅうは》や音楽の種類、各楽器の種類などによりちがいます。ここではそれぞれの一例をご紹介《しょうかい》しています。

箏《こと》の演奏《えんそう》

箏《こと》の演奏《えんそう》は流れるような美しい音の連なりが特徴《とくちょう》のひとつです。演《えん》奏《そう》にはどんな技《わざ》があるのか見てみましょう。山田流の萩岡松韻《はぎおかしょういん》さんに教えてもらいました。

基本姿勢《きほんしせい》

腰《こし》の右側が竜角《りゅうかく》より右へ出ない位置で、箏《こと》にまっすぐ向かって背筋《せすじ》はのばしてすわります。右手は親指・人さし指・中指に爪《つめ》をはめて薬指を竜角《りゅうかく》に軽くそえ、左手は絃《げん》に軽くそえます。

山田流萩岡派《はぎおかは》の楽譜《がくふ》。上の段《だん》が箏《こと》、下の段《だん》が三絃《さんげん》(三味線《しゃみせん》)になっていて、箏《こと》では絃《げん》の名前が書かれています。

●生田流《いくたりゅう》の場合●

箏《こと》に対してななめにすわり、右肩《みぎかた》を少し前に出すのが基本《きほん》の姿勢《しせい》です。四角い角爪《かくづめ》を使い、その角《かど》で絃《げん》をひくのも特徴《とくちょう》です。

箏《こと》の絃《げん》は手前(写真左)のほうが高い音になります。

十三絃《じゅうさんげん》の箏《こと》の基本姿勢《きほんしせい》です。

右手の奏法《そうほう》

基本《きほん》

親指・人さし指・中指に丸爪《まるづめ》をつけ、親指は奥《おく》へ、人さし指・中指は手前にひき、それぞれ次の絃《げん》でしっかりとめるのが基本《きほん》です。絃《げん》はかたく、指先だけではよい音は出ません。体全体でひきます。

かき爪《づめ》

ならんだ2本の絃《げん》をす早くひき、「シャン」と音がきこえるようにする奏法《そうほう》です。

引《ひ》き連《れん》

中指で、壱《いち》・弐《に》をかき爪《づめ》してから手前(高い音)へなで、最後に為《い》・巾《きん》をひきます。

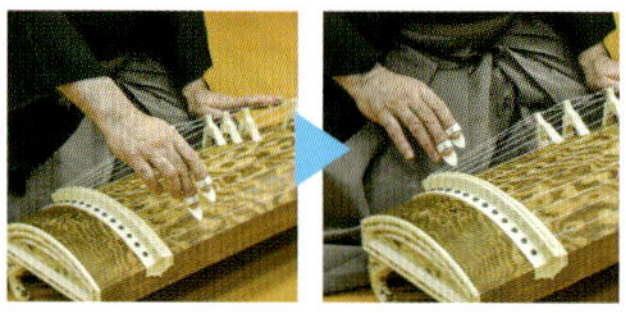

輪連《われん》

中指の爪《つめ》のわきで、右上から絃《げん》の表面をする感じで、左の方向へ輪を描《えが》くように動かします。

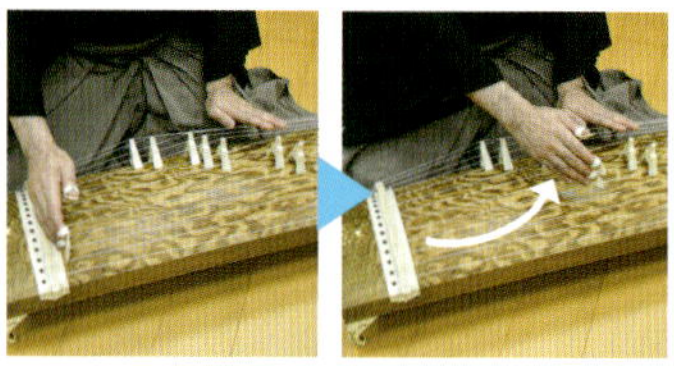

左手の奏法《そうほう》

基本《きほん》

左手で柱《じ》の 10 ~ 15 センチ左側の絃《げん》をおすことで、箏《こと》の甲《こう》につくまでおすと一音高く、途中《とちゅう》までおすと半音、音を高くすることができます。この技《わざ》を使い、「押《お》し手《で》」では絃《げん》をおして音程《おんてい》を変えてからひきます。「押《お》し放《はな》し」では絃《げん》をおしてひいてから放し、「後押《あとお》し」ではひいてからおすなどして、音《おん》程《てい》を変えて音色に変化を出す奏法《そうほう》があります。

調絃《ちょうげん》

箏《こと》は演奏《えんそう》のとき以外は柱《じ》をはずしておきます。演奏《えんそう》ごとに柱《じ》を立て、柱《じ》の位置を動かして音階を調整します。平調子《ひらぢょうし》や雲井調子《くもいぢょうし》など、曲にあわせて調絃《ちょうげん》します。曲によっては、途中《とちゅう》で転調する場合もあります。

※箏《こと》の場合、絃《げん》と書いて「いと」と読むこともあります。

三味線《しゃみせん》の演奏《えんそう》

三味線《しゃみせん》は、長唄《ながうた》や民謡《みんよう》などいろいろな音楽で使われます。3本の糸で奏《かな》でる幅広《はばひろ》い音色は、どのように生まれるのでしょう。長唄東音会《ながうたとうおんかい》の東音小島直文《とうおんこじまなおふみ》さんに教えてもらいました。

基本姿勢《きほんしせい》

背筋《せすじ》をまっすぐのばしてすわり、三味線《しゃみせん》の胴《どう》を少し手前にかたむけて右ももに乗せ、胴《どう》かけの上にばちを持った右手を乗せて、三味線《しゃみせん》を固定します。左手は肩《かた》をあげないようにして、棹《さお》を下からささえる形でかまえます。

長唄《ながうた》の楽譜《がくふ》です。写真上は古典の曲、下は小島《こじま》さんが作曲した手書きの楽譜《がくふ》です。

立奏《りっそう》

長唄《ながうた》の中の大薩摩《おおざつま》という音楽で、立って演奏《えんそう》をするときには台（合引《あいびき》）に右足を乗せてかまえます。

ばちの持ち方

人さし指・中指・薬指を曲げ、そこにばちをおき、小指を内側にかけ、親指をばちの広がった部分に乗せると、安定した形になります。ひくときは手首を直角に曲げます。

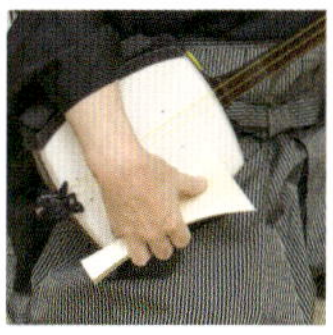

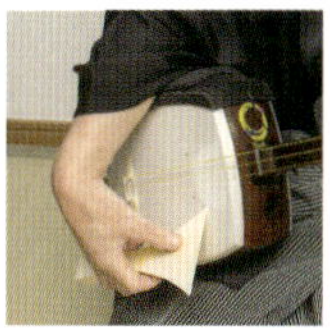

指かけ

指かけですべりよく

左手は棹《さお》にそって、上下にす早くなめらかに動かすために、人さし指と親指に指かけをはめます。

長唄《ながうた》などで使われる細棹三味線《ほそざおしゃみせん》の基本姿勢《きほんしせい》です。

足と右手だけでささえる

ひざゴム

三味線《しゃみせん》の胴《どう》を乗せる部分にはひざゴムというすべり止めをはさみ、右手を上から乗せるだけで、三味線《しゃみせん》をささえています。左手をおろしても三味線《しゃみせん》が動かない状態《じょうたい》が正しい姿勢《しせい》です。

調絃《ちょうげん》

三味線《しゃみせん》の糸は奏者《そうしゃ》が自分でつけて演奏前《えんそうまえ》に曲にあわせて調絃《ちょうげん》します。曲の途中《とちゅう》で転調するときは、かまえたまま、感覚だけで一気に糸巻《いとま》きを動かして調絃《ちょうげん》する技《わざ》も必要です。

右手の奏法《そうほう》

基本《きほん》

ばちをふりあげ、一気にばち先を糸にあて、ばち皮までふりおろします。糸を見ずに３本の糸をひき分けるには修練《しゅうれん》が必要です。

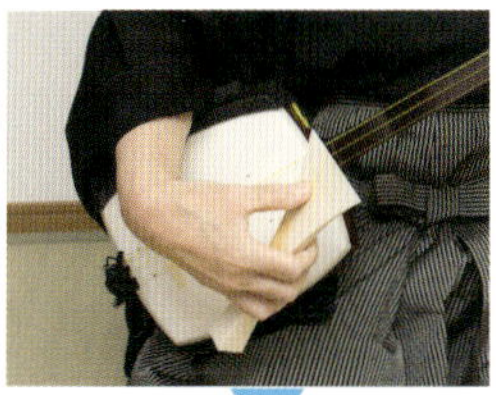

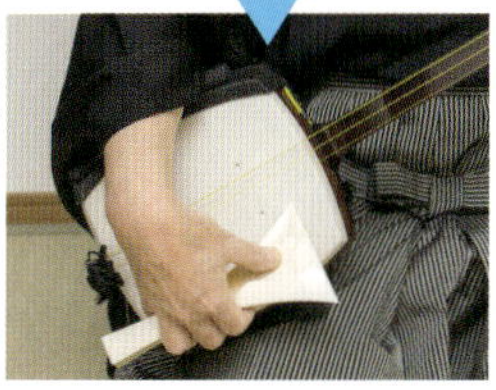

スクイ

三味線《しゃみせん》の糸をひき、そのままばち先で糸をすくいあげる奏法《そうほう》です。

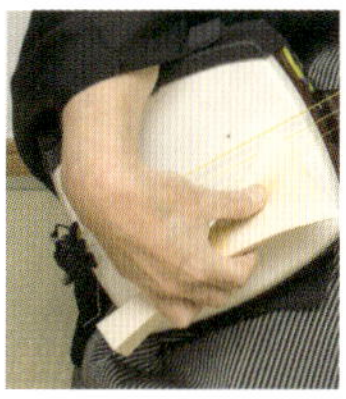

カエシ

手首を返し、ばちの裏側《うらがわ》で下から上へ糸をひきます。三の糸から一の糸へ連続してひくときに使います。

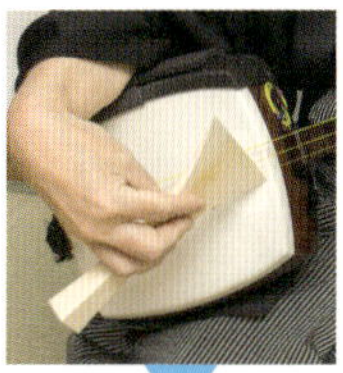

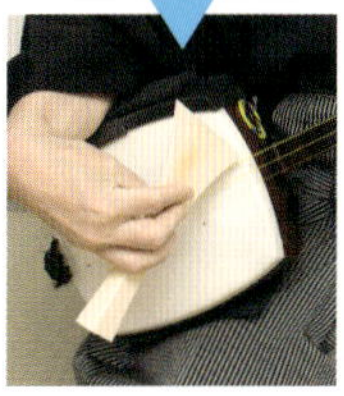

左手の奏法《そうほう》

基本《きほん》

親指のつけ根に棹《さお》をあて、人さし指を曲げて指先と爪《つめ》で上からしっかり糸をおさえます。中指と薬指も使います。棹《さお》には音階のしるしがありません。その中で、上下に左手を動かして音階を作る技《わざ》が求められます。おさえる位置は「勘所《かんどころ》」といわれ、耳や体で感覚を養います。

ハジキ

左手の指で糸を下にはじいて、強い音を出す方法です。写真は薬指ではじいていますが、おさえる勘所《かんどころ》により、３本の指を使い分けます。

スリ

指で糸をおさえたまま、上下に動かす奏法《そうほう》です。音階では表現《ひょうげん》できない音色が生まれます。

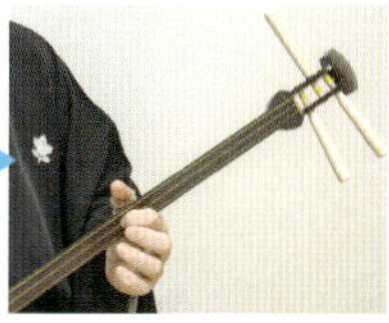

能管《のうかん》の演奏《えんそう》

音程《おんてい》をあえてくるわせるように作られた笛・能管《のうかん》は、物語の登場人物の気もちや場面の情景《じょうけい》を表現《ひょうげん》する独特《どくとく》な楽器です。この演奏《えんそう》の技《わざ》を邦楽囃子《ほうがくはやし》の笛方の竹井誠《たけいまこと》さんに教えてもらいました。

基本姿勢《きほんしせい》

体はななめ右側に向け、姿勢《しせい》を正し、顔は前を向いてすわります。能管《のうかん》をひざの上で持ち、かまえてから口元にもっていくのが基本《きほん》です。能管《のうかん》は床《ゆか》と舞台《ぶたい》に対して平行になるように持ちます。吹《ふ》くときは、くちびるをうすくあけて歌口《うたぐち》の奥側《おくがわ》の縁《ふち》に息をあて、音を出します。

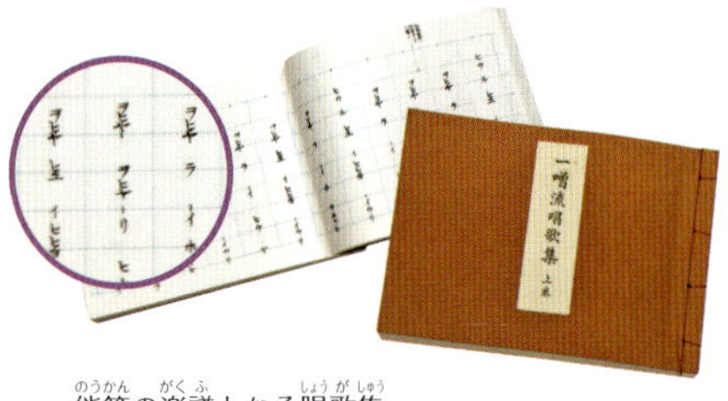

能管《のうかん》の楽譜《がくふ》となる唱歌集《しょうがしゅう》。

立奏《りっそう》

左足を前に向け、右足先を右に向けてさげ、すわるときと同様に体をななめに向けて立ちます。腰《こし》をしっかり固定し、上半身は肩《かた》の力をぬいてゆったりかまえます。

能管《のうかん》と体の角度の関係

能管《のうかん》を舞台《ぶたい》に対して平行にすると、自然と右肩《みぎかた》は後ろにさがります。そのため、横笛奏者《そうしゃ》は基本的《きほんてき》に体をななめ右側に向ける姿勢《しせい》で演奏《えんそう》することになります。

能管演奏《のうかんえんそう》（邦楽囃子《ほうがくはやし》）の基本姿勢《きほんしせい》。

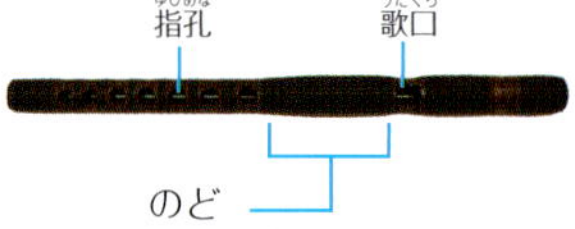

歌口《うたぐち》と指孔《ゆびあな》の間に細い竹管が入れてあり、それにより管内の空気の流れが変化し、あえて音程《おんてい》が不規則《ふきそく》になるようにしています。

3つの支点《してん》でささえる

基本的《きほんてき》に能管《のうかん》は、口・右手親指・右手小指の3点でささえ、バランスをとっています。ほかの部分に余分《よぶん》な力を加えると、指がなめらかに動かしにくくなるなど、演奏《えんそう》にも影響《えいきょう》が出てしまいます。

特徴的《とくちょうてき》な奏法《そうほう》

ヒシギ

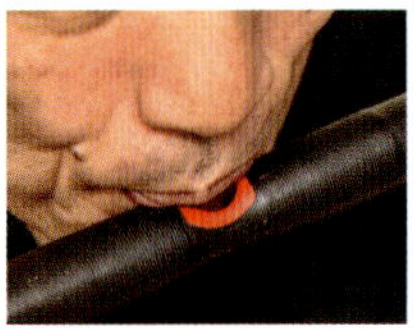

長唄《ながうた》などで使われる能管《のうかん》の特徴的《とくちょうてき》な吹《ふ》き方《かた》で、曲のはじまりや終わりなどで入ります。いきおいよく息を吹《ふ》きこみ高い音を響《ひび》かせる奏法《そうほう》です。

ネトリ

「ヒュ～ドロドロ」といえば幽霊《ゆうれい》が出てくるときの効果音《こうかおん》として知られています。この「ヒュ～」の部分が能管《のうかん》の演奏《えんそう》で、ネトリといわれます。高い音で、「のど」の効果《こうか》による微妙《びみょう》な音程《おんてい》が不気味な雰囲気《ふんいき》を出すのにちょうどよいようです。ちなみに、ドロドロは大太鼓《おおだいこ》の演奏《えんそう》です。

差し指

唱歌《しょうが》（右参照《さんしょう》）での「オヒャー」を例にとると、低い音から高い音に一気にあげてからすぐ少しさげてもどすなどして、歌の「こぶし」のような音律《おんりつ》を加える演奏方法《えんそうほうほう》です。演奏《えんそう》の中で装飾的《そうしょくてき》に用いる技《わざ》です。

唱歌《しょうが》の「オ」で、右2つの指孔《ゆびあな》以外をふさいでから、右側から順に指孔《ゆびあな》を開いていき、全部の孔《あな》を開きます。

唱歌《しょうが》の「ヒャー」で、左手3つの指孔《ゆびあな》をふさいでから、薬指だけあけます。

●邦楽《ほうがく》の楽譜《がくふ》「唱歌《しょうが》」●

現在《げんざい》では和楽器の演奏《えんそう》にも楽譜《がくふ》がありますが、昔は口伝えで教え、教わっていました。その声による楽器演奏《えんそう》の表現《ひょうげん》方法を、唱歌《しょうが》といいます。笛の唱歌《しょうが》の例として、左に能管《のうかん》の「オヒャー」を紹介《しょうかい》しましたが、その声の中に音の高低だけでなく奏法《そうほう》の情報《じょうほう》もふくまれているのです。和楽器の楽譜《がくふ》は、この唱歌《しょうが》をそのまま書いて表現《ひょうげん》しているものが多くあります。

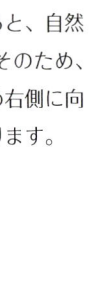

尺八《しゃくはち》の演奏《えんそう》

指孔《ゆびあな》はたったの５つという、とても素朴《そぼく》な楽器だからこそ、尺八《しゃくはち》には特有の技《わざ》があります。特徴的《とくちょうてき》な太いかすれた音色を生かす演奏《えんそう》方法など、琴古流《きんこりゅう》の青木彰時《あおきしょうじ》さんの技《わざ》を見てみましょう。

基本姿勢《きほんしせい》

背筋《せすじ》をのばし、上半身の力をぬいてすわります。尺八《しゃくはち》は、歌口《うたぐち》を口元にあて、右手の親指と中指ではさみ、この３点でささえるのが基本《きほん》です。左右の手を逆《ぎゃく》にしてもかまわないともいわれ、これは左右対称《たいしょう》の形をしたたて笛ならではでしょう。

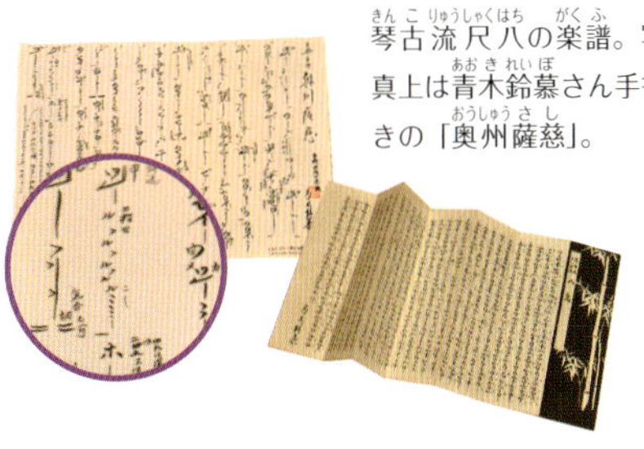

琴古流尺八《きんこりゅうしゃくはち》の楽譜《がくふ》。写真上は青木鈴慕《あおきれいぼ》さん手書きの「奥州薩慈《おうしゅうさし》」。

吹《ふ》く角度の作り方

尺八《しゃくはち》は歌口《うたぐち》のエッジの部分に向かってくちびるをうすくあけて息を吹《ふ》き、管の内側と外側に半々に息を出して音を出します。その角度を作るには、尺八《しゃくはち》の歌口《うたぐち》のエッジをくわえ、床《ゆか》と水平に持ち、そこから歌口《うたぐち》の手前をあごにあててゆっくり角度をさげてかまえると、ちょうどよい角度になるといわれています。

人間国宝の二代目青木鈴慕《あおきれいぼ》さんの舞台演奏《ぶたいえんそう》です。

虚無僧《こむそう》から発展《はってん》した尺八《しゃくはち》

虚無僧《こむそう》とは仏教の禅宗《ぜんしゅう》の一派《いっぱ》の僧侶《そうりょ》のことで、尺八《しゃくはち》を吹《ふ》くことも修行《しゅぎょう》としていました。竹の中に響《ひび》く風のような音で精神《せいしん》をみがき、自然と一体となることを目指したといいます。尺八《しゃくはち》を吹《ふ》きながら歩く虚無僧《こむそう》は、江戸時代にはあちこちで見られたようです。

特徴的《とくちょうてき》な奏法《そうほう》

あごの角度と指孔《ゆびあな》で音階を作る

尺八《しゃくはち》は５つの指孔《ゆびあな》を閉《と》じたり開いたりする以外でも音階を作り出す楽器です。あごをつき出して音程《おんてい》をあげたり、あごを引いて音程《おんてい》をさげたりできます。さらに指孔《ゆびあな》を半分あけて半音あげることもできます。これらを微妙《びみょう》に変化させることで、さらに中間の音の表現《ひょうげん》も可能《かのう》になります。また、指孔《ゆびあな》とあごの動きを組みあわせて１音さげる音などもあります。あごを上下させ表現《ひょうげん》するビブラートの効果《こうか》を「ユリ」といいます。

あごをあげて半音あげる「カリ」奏法《そうほう》。

あごをさげて半音さげる「メリ」奏法《そうほう》。

指孔《ゆびあな》を半分あけて半音あげる奏法《そうほう》。

ムライキ

くちびるを少しゆるめて強く息を吹《ふ》きこむことで、あえて音に不規則《ふきそく》なゆらぎやかすれを表現《ひょうげん》する奏法《そうほう》です。吹《ふ》きすさぶ風のようなこの音は、尺八《しゃくはち》の特徴《とくちょう》のひとつです。

コロコロ／カラカラ

指を細かく動かし、指孔《ゆびあな》を開閉《かいへい》する奏法《そうほう》です。「コロコロ」は下の手の人さし指と薬指を交互《こうご》に速く動かします。「カラカラ」は下の手の薬指だけ速く動かします。どちらも、指があがっているかいないかわかりにくいほど、微妙《びみょう》な動きです。

押《お》し

同じ音を続けて吹《ふ》くとき、リコーダーなどでは舌《した》を打つ「タンギング」で表現《ひょうげん》しますが、尺八《しゃくはち》ではちがい「押《お》し」という奏法《そうほう》を使います。息を吹《ふ》いたまま、１つ上の音をほんの一瞬《いっしゅん》出すように指を動かしてもどす、という方法です。

締太鼓《しめだいこ》の演奏《えんそう》

能楽《のうがく》や長唄《ながうた》、邦楽囃子《ほうがくはやし》、祭囃子《まつりばやし》などでも使われる締太鼓《しめだいこ》は、その音楽によって演奏方法《えんそうほうほう》は変わります。ここでは邦楽囃子《ほうがくはやし》の藤舎呂雪《とうしゃろせつ》さんに締太鼓演奏《しめだいこえんそう》の技《わざ》を教えてもらいました。

基本姿勢《きほんしせい》

姿勢《しせい》を正してすわり、締太鼓《しめだいこ》は少し右側を前に出し、ななめにおきます。能楽《のうがく》での「かつぎばち」という奏法《そうほう》で打ちやすいおき方です。肩《かた》の力はぬきますが、ひじは少し横にはるようにし、ばちを八の字にして先をそろえ、皮の中心にあてててかまえます。

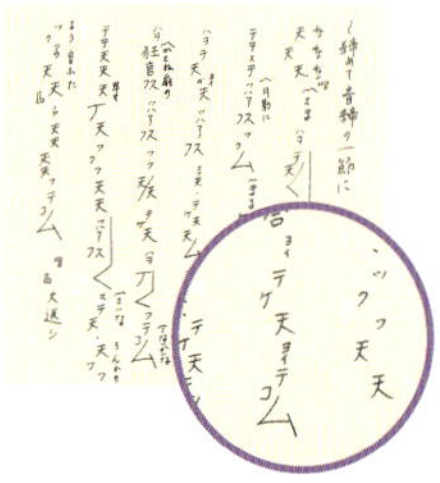

締太鼓《しめだいこ》の「手附《てつけ》」とよばれる楽譜《がくふ》です（長唄《ながうた》「蜘蛛《くも》の拍子舞《ひょうしまい》」より）。手書きで写して使います。

やや前かがみに

締太鼓《しめだいこ》のかまえを横から見ると、締太鼓《しめだいこ》をひざからはなしておき、背筋《せすじ》をのばしたまま少し前かがみになっています。この姿勢《しせい》を維持《いじ》して太鼓《たいこ》を演奏《えんそう》します。

邦楽囃子《ほうがくはやし》の締太鼓《しめだいこ》の基本姿勢《きほんしせい》です。

ばちの持ち方

ばちは端《はし》があまらないように小指と薬指でにぎります。親指と人さし指でゆるい輪を作り、その中でばちが動く感じです。ばちはかたくにぎると音が悪くなるので、力を入れずに持ちます。

太ばちと細ばち

邦楽囃子《ほうがくはやし》では太ばちと細ばちの両方を使うことがあります。太ばちは能楽《のうがく》で使われるもので、細ばちは里神楽《さとかぐら》などからきた奏法《そうほう》といわれています。細ばちでは、締太鼓《しめだいこ》を少し手前によせてひじを曲げて打ちます。

打つのは中心だけ

皮の中心と端《はし》の音のちがいを使い分ける太鼓《たいこ》もありますが、締太鼓《しめだいこ》の場合は皮の中心にはってある「ばち皮」という部分だけを打ちます。調べ《しら》（ひも）の締《し》め具合で音程《おんてい》を決め、ばちの種類や打ち方などで音色を使い分けます。

特徴的《とくちょうてき》な奏法《そうほう》

かつぎばち

能楽《のうがく》からの奏法《そうほう》です。左手を右肩《みぎかた》にかつぐようにあげ、ふりおろして打つのと同時に右手を目の高さくらいまであげて自然に打ちます。

打つばち

両手を目の高さくらいまであげ、肩《かた》から腕《うで》をあげさげして右から交互《こうご》に打ちます。大きな動作で見た目にも優雅《ゆうが》な奏法《そうほう》です。

つけばち

ひじから先を動かし、ばちを皮からあまりはなさずに、ばち皮につけて打つ奏法《そうほう》です。速いテンポで打つときに使いますが、さらに速いテンポにする場合は手首の動きで打ちます。

かけ声も演奏《えんそう》のひとつ

日本の古典音楽をきいていると、「イヤ〜」「ハッ」「ヨイ」などの声が入ります。指揮者《しきしゃ》がいないため、各楽器の間合いによるかけ声が、テンポを決めたり強弱を決めたりと重要な役割《やくわり》をするのです。締太鼓《しめだいこ》、小鼓《こつづみ》、大鼓《おおつづみ》などそれぞれでかけ声を入れる間合いは決まっています。そこに音階をもつ三味線《しゃみせん》や箏奏者《ことそうしゃ》によるかけ声も入ります。これらが複雑《ふくざつ》に入ることで、曲を華《はな》やかにしたりいきおいをつけたりすることもあります。

小鼓《こつづみ》の演奏《えんそう》

小鼓《こつづみ》は、調《しら》べというひもを使ってのびのある音を作り出します。演奏《えんそう》しながら調子を整えるのも技《わざ》のひとつです。邦楽囃子《ほうがくはやし》の盧慶《ろきょん》順《すん》さんに教えてもらいました。

基本姿勢《きほんしせい》

姿勢《しせい》を正してすわり、左手で小鼓《こつづみ》の調《しら》べをにぎって右肩《みぎかた》にのせ、右手を皮につけてかまえます。小鼓《こつづみ》の表皮は正面やや下向きにし、裏《うら》皮《かわ》は耳たぶの前にくるようにします。体の軸《じく》はまっすぐ保《たも》ちます。

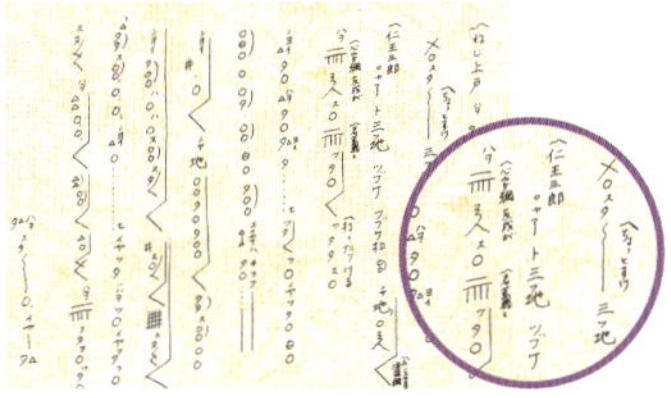

小鼓《こつづみ》・大鼓《おおつづみ》の「手附《てつけ》」とよばれる楽《がく》譜《ふ》です（長唄《ながうた》「蜘蛛《くも》の拍子舞《ひょうしまい》」より）。手書きで写して使います。

かまえるまでの作法

小鼓《こつづみ》の表皮を正面に向けておいておきます。左手で調《しら》べをにぎり、手の甲《こう》を上にしてひざにおきます。それから小鼓《こつづみ》を右肩《みぎかた》に乗せて基本《きほん》のかまえにします。

小鼓《こつづみ》のにぎり方

たて調《しら》べといっしょに、人さし指から小指で横調《よこしら》べもにぎります。

邦楽囃子《ほうがくはやし》の小鼓《こつづみ》の基本姿勢《きほんしせい》です。

特徴的《とくちょうてき》な奏法《そうほう》

調《しら》べの強弱でよいんを作る

小鼓《こつづみ》は演奏中《えんそうちゅう》に調《しら》べをにぎったりゆるめたりして音を変化させるのが特徴《とくちょう》です。打つと同時ににぎる、打つ前ににぎり打ってからゆるめるなど、いろいろな組みあわせをしてのびのある音を作ります。

乙《おつ》の音

低い音の奏法《そうほう》です。右手をひざまでおろし、いきおいよく皮の中央を打ちます。ポンと１回打つ間に、次のような作業がおこなわれます。①調《しら》べをゆるくにぎる→②中心を打つ＋調《しら》べを少しにぎる→③調《しら》べをゆるめる。

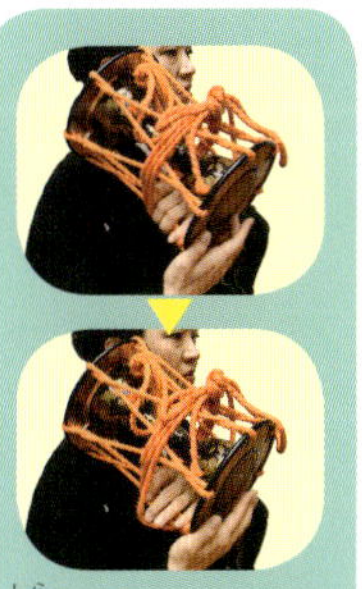

調《しら》べをにぎってからゆるめた場面。

甲《かん》の音

乙《おつ》より高い音です。調《しら》べを強くにぎっておき、皮の端《はし》を、薬指で打ちます。

演奏中《えんそうちゅう》の調律《ちょうりつ》

小鼓《こつづみ》は湿度《しつど》を好む楽器なので、演奏中《えんそうちゅう》は音を聞きながら湿度《しつど》を保《たも》つくふうをするのも、演奏者《えんそうしゃ》のたいせつな仕事です。とくに演奏会《えんそうかい》などでは会場は乾燥《かんそう》しやすいうえ、舞台《ぶたい》のライトによる乾《かん》燥《そう》も心配なところです。繊細《せんさい》な楽器なので、よい音を出すための細かい気配りが、演奏《えんそう》に大きく影響《えいきょう》します。

調子紙《ちょうしがみ》をつける

細く切った和紙を用意しておき、和紙をなめて湿《しめ》らせ、それをちぎって裏皮《うらかわ》にはりつけます。

息で湿度《しつど》をあたえる

皮に息を吹《ふ》きかけて湿《しめ》り具合を調整します。

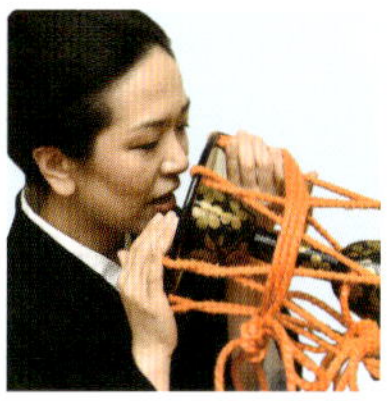

調《しら》べを整える

演奏中《えんそうちゅう》に調《しら》べをにぎったりゆるめたりするので、はり具合のバランスがくずれることもあります。演《えん》奏《そう》の合間などに調《しら》べを指にかけ、あやとりのように開いたり閉《と》じたりして、均一《さんいつ》になるように調整します。

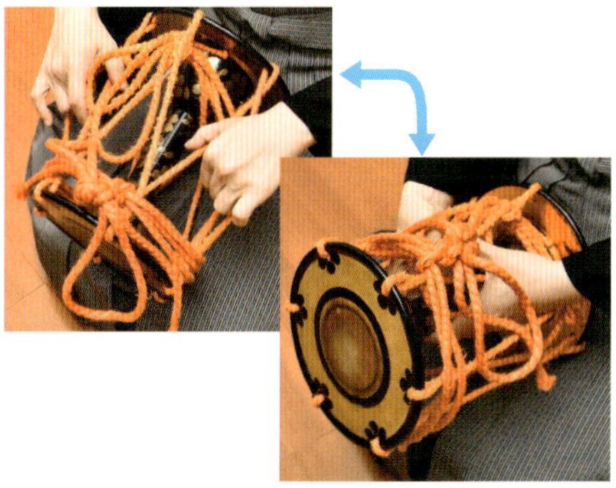

和楽器のある祭り

日本各地でおこなわれる祭りでは、神様を迎《むか》えるために、神輿《みこし》や音楽でもてなしたり、芸能《げいのう》を奉納《ほうのう》したりする祭りがあります。和楽器の活躍《かつやく》する、いろいろな祭りを見ていきましょう。

盛岡《もりおか》さんさ踊《おど》り（岩手県盛岡《もりおか》市）

この祭りはその昔、南部盛岡城《なんぶもりおかじょう》下《か》の鬼退治《おにたいじ》の伝説に由来しています。境内《けいだい》の三ツ石に鬼《おに》の手形をおさせ退治《たいじ》したよろこびで「さんささんさ」と踊《おど》ったのがはじまりといわれています。毎年8月1日～4日まで開催《かいさい》され、「サッコラチョイワヤッセ」というかけ声とともに踊《おど》り手《て》が舞《ま》い、2014（平成26）年に和太鼓《わだいこ》同時演奏《えんそう》で世界記録を達成した、和太鼓《わだいこ》の祭りとしても有名です。

三社祭《さんじゃまつり》（東京都台東《たいとう》区）

1312（正和《しょうわ》元）年から三社《さんじゃ》の神話にもとづいてはじまった、江戸（東京）の祭りです。毎年5月におこなわれます。名前は、浅草神《あさくさじん》社例大祭《じゃれいたいさい》で、勇ましい神輿《みこし》のくり出し、東京都指定無形民俗文化財《みんぞくぶんかざい》のビンザサラ舞《まい》や江戸《えど》囃子《ばやし》などの奉納《ほうのう》がおこなわれます。

おわら風の盆《ぼん》（富山県富山市八尾《やつお》町）

江戸時代の1702（元禄《げんろく》15）年ごろから、町の祝いごとの際《さい》に町内を練り回ったのがはじまりといわれています。やがて二百十日の風の厄《やく》日《び》に大風を鎮《しず》め豊年《ほうねん》満作を祈《いの》るため9月1日から3日におこなわれるようになりました。三味線《しゃみせん》、胡弓《こきゅう》などにあわせ、そろいの浴衣《ゆかた》と編笠《あみがさ》で歌い踊《おど》る、幻想的《げんそうてき》で優美《ゆうび》な祭りです。

出雲神楽《いずもかぐら》（島根県雲南《うんなん》市）

出雲神楽《いずもかぐら》は、400年以上前から島根県東部で伝えられている神事です。この地域《ちいき》では市・町の神社・保存会《ほぞんかい》など50以上もの団体に受けつがれています。能《のう》の流れをくみ、優雅《ゆうが》さが特徴《とくちょう》ですが、一方ははげしさもあります。写真の「茅の輪」は、神話の須佐之男命《すさのおのみこと》の物語で、茅《ち》の輪《わ》（カヤ草の輪《わ》）により疫病《えきびょう》を退散《たいさん》させ子孫繁栄《しそんはんえい》を願う、舞《まい》と囃子《はやし》の神楽《かぐら》です。

小河内神楽社中《おがわうちかぐらしゃちゅう》の「茅《ち》の輪《わ》」

那智《なち》の田楽（和歌山県東《ひがし》牟《む》婁《ろ》郡《ぐん》那智《なち》勝浦《かつうら》町）

600年以上前から続く那智《なち》の田楽。田楽とは田植えなど農業の儀礼《ぎれい》でおこなう踊《おど》りのことです。熊野那智大社《くまのなちたいしゃ》で7月14日に、和楽器のビンザサラ、太鼓《たいこ》、笛、シテテン（小鼓《こつづみ》）を用い12人で踊《おど》り演奏《えんそう》されます。国の重要無形民俗文化財《みんぞくぶんかざい》に指定され、2012（平成24）年ユネスコ無形文化遺産《いさん》にも登録されています。

ビンザサラ

田楽舞《でんがくまい》

壬生《みぶ》の花田植（広島県山県《やまがた》郡《ぐん》北広島《きたひろしま》町）

太鼓《たいこ》をたたき笛を鳴らして、田植唄《たうえうた》を歌いながら大勢《おおぜい》で田植えをする行事です。稲作《いなさく》の無事と豊かな実りを「田の神」に願います。農耕《のうこう》で活躍《かつやく》した「飾《かざ》り牛」がくり出し、太鼓《たいこ》や笛の音にあわせて早乙女《さおとめ》たちが田植えをします。2011（平成23）年にユネスコ無形文化遺産《いさん》に登録されています。

飾《かざ》り牛

花田植

小倉祇園太鼓《こくらぎおんだいこ》（福岡県北九州《きたきゅうしゅう》市）

小倉祇園太鼓《こくらぎおんだいこ》は全国でもめずらしい両面打ちが特徴《とくちょう》です。太鼓《たいこ》の皮のはり方を変え、1面はドロという基本調《きほんちょう》のリズムで「ドンコドンコ」、もう1面はカンという「ドンコ・ドンコ・スットンスットンドコドコドドンコドン」と高い音を打ち出します。リードするのはヂャンガラ（すり鉦《がね》）です。

祭りの起源《きげん》は1617（元和《げんな》3）年ごろ。明治時代からは太鼓《たいこ》をのせた山車《だし》にかわり、太鼓祇園《たいこぎおん》といわれる勇ましい祭りです。県指定無形民俗文化財《みんぞくぶんかざい》でもあり、そろいの浴衣《ゆかた》に身を包《つつ》んだ100チーム以上が、伝統《でんとう》の太鼓《たいこ》の打法を競いあう競技会も開催《かいさい》されます。

両面打法とヂャンガラ（すり鉦《がね》）

据《す》え太鼓勢揃《だいこせいぞろ》い打ち

平敷屋《へしきや》エイサー（沖縄県うるま市）

200年以上も受けつがれてきたエイサーは、盆《ぼん》と同じで祖《そ》先《せん》の霊《れい》を迎《むか》え、送るための踊《おど》りです。県全土でおこなわれますが、地域《ちいき》でスタイルがちがいます。うるま市の平敷屋《へしきや》地区では三線《さんしん》に太鼓《たいこ》のパーランクーを持った男性《だんせい》と女性《じょせい》の手踊《ておど》りが加わります。男性《だんせい》は白黒の同じ衣装《いしょう》ではだしになり、手にはパーランクーを持ちます。一糸《いっし》みだれぬばちさばきは、エイサーの見どころのひとつです。

エイサーの踊《おど》り

ハワイの盆踊《ぼんおど》り（アメリカ合衆国《がっしゅうこく》ハワイ州）

アメリカのハワイ州は、日本と深いつながりがあり、オアフ島、ハワイ島をはじめ6つの島の100か所で盆踊《ぼんおど》りがおこなわれます。日本人や日系人の多いハワイでは、6～9月はボンダンスとよばれる祭りのシーズンです。日本の歌や踊《おど》り、そして近年では和太鼓《わだいこ》が人気をよび、たくさんの和太鼓《わだいこ》のグループが演奏《えんそう》します。

ボンダンスと和太鼓《わだいこ》

水道管尺八《しゃくはち》作りにチャレンジ！

ホームセンターなどで買える水道管を使って尺八《しゃくはち》と同じような楽器を作ることができます。小さな手でも演奏《えんそう》しやすいよう、1尺《しゃく》6寸《すん》（481ミリ）のサイズで作ってみましょう。

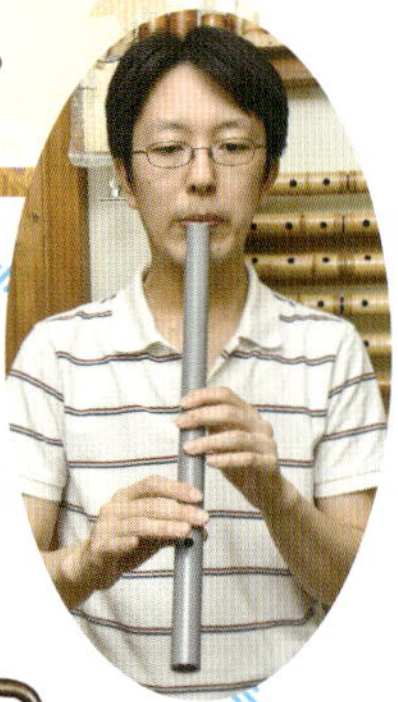

用意するもの

材料

- 水道管＜塩化ビニール管＞（内径20ミリ、長さ約50センチ）…1本　（ア）

道具

- シンナーまたは除光液《じょこうえき》
- いらない布《ぬの》
- 鉄ヤスリ（イ）
- 紙ヤスリ（240番手）（ウ）
- 丸棒《まるぼう》（筆の柄《え》などでよい）
- メジャー（エ）
- えんぴつ
- ノコギリ（ビニール管やアクリル用、竹用など）（オ）
- キリ（カ）
- ドリル（口径10ミリ用。手動でも電動でもどちらでもよい。写真は手動）（キ）
- 消しゴム

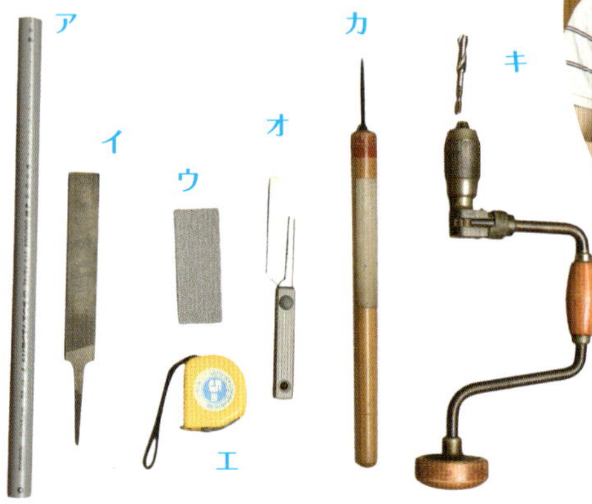

作り方

1 布にシンナーか除光液《じょこうえき》をつけ、水道管に印刷《いんさつ》された文字をこすって消します。薬剤《やくざい》がはだにつかないよう、ゴム手袋《てぶくろ》などをはめて作業しましょう。

2 歌口《うたぐち》を作ります。鉄ヤスリで切り口をななめにけずります。内側まで少しけずるくらいが目安です。

3 丸棒《まるぼう》に紙やすりを巻《ま》きつけ、2でけずった部分に残ったうすいまくをけずりとります。

4 メジャーで、歌口《うたぐち》から481ミリのところにえんぴつでしるしをつけ、ノコギリで切ります。切り口は鉄ヤスリでなめらかにけずります。

5

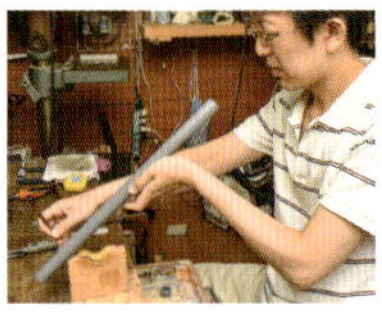

歌口《うたぐち》の中心の延長線《えんちょうせん》上にメジャーをあて、歌口《うたぐち》から上の図の位置に、えんぴつで十字にしるしをつけます。まっすぐならんでいるか、歌口側《うたぐちがわ》から見て確認《かくにん》しましょう。

6 5でつけた十字の交差点にキリでしるしをつけます。管が動かないよう大人の人におさえてもらい、しるしの位置にキリを立てます。持ち手を両手ではさみ、前後にすりあわせてキリを回し、途中《とちゅう》まで孔《あな》をあけます。ドリルを使いやすくするための作業なので、キリ先は通りぬけなくてもだいじょうぶです。

7 ドリルの先端《せんたん》を 6 の孔《あな》にあて、ドリルを回して直径約 10 ミリの孔《あな》をあけます。むずかしければ、大人の人にやってもらいましょう。

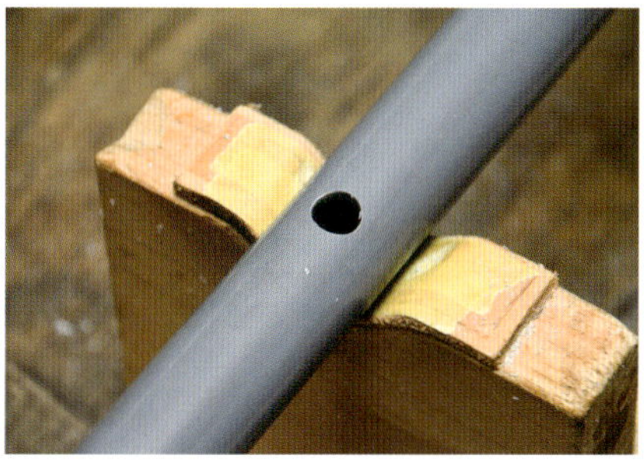

8 裏側《うらがわ》の指孔《ゆびあな》をあけたところです。管の向こう側まで孔《あな》をあけないように気をつけましょう。

9 丸棒《まるぼう》に紙やすりを巻き、指孔《ゆびあな》のふちをけずり、なめらかにします。

10 あごにあたる部分を鉄ヤスリで丸くけずります。

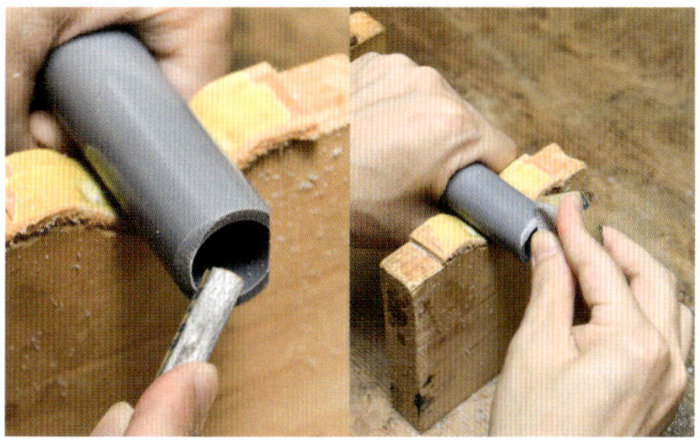

11 10 でけずった部分のふちを丸棒《まるぼう》に巻いた紙ヤスリでけずり、ななめになった面を消しゴムに巻《ま》いた紙ヤスリでけずり、なめらかにしあげます。

できあがり！

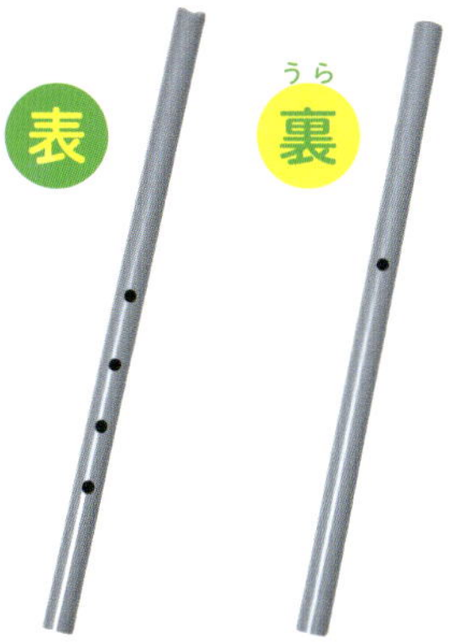

水道管尺八《しゃくはち》を吹《ふ》いてみよう

持ち方

右手を下、左手を上にして自然に持ちます。右手の中指を一孔《いちこう》と二孔《にこう》のまん中あたりにあてて親指とはさんで持ち、歌口《うたぐち》に息を吹《ふ》きかけられるように、手前をあごにあててかまえます。歌口《うたぐち》に向かって息を吹《ふ》き、音が出る角度を探《さが》しましょう。

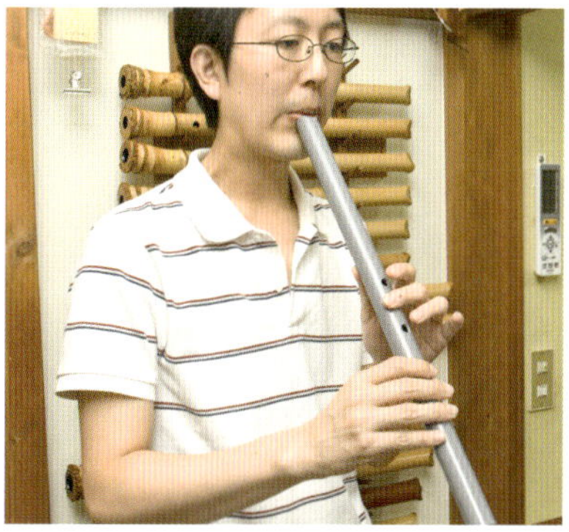

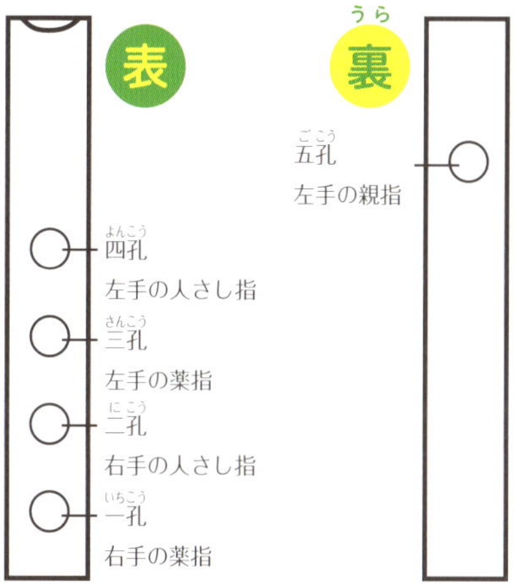

指孔《ゆびあな》おさえと音の例

●はおさえる指孔《ゆびあな》、
○はおさえない指孔《ゆびあな》です。

唱歌《しょうが》	ロ	ツ	レ	チ	リ
五孔《ごこう》	●	●	●	●	●
四孔《よんこう》	●	●	●	●	○
三孔《さんこう》	●	●	●	○	○
二孔《にこう》	●	●	○	○	●
一孔《いちこう》	●	○	○	○	●
音階	ミ	ソ	ラ	シ	レ

もっと和楽器を知ろう

和楽器は、日本の四季の移《うつ》り変わりや、自然の豊《ゆた》かさやきびしさ、風の音、鳥や虫の声など、自然に親しむ音を表し、それはわたしたちのくらしに深い関わりがある音です。音を楽しむ文化、音楽を生み出し伝えた人たち、アジアの中の楽器をたずねてみましょう。

●音を楽しむ日本の文化

音の出る道具がたくさん

みなさんの身のまわりにある、音が鳴る道具を探《さが》してみましょう。お守りやキーホルダーには小さな鈴《すず》がついていませんか。赤ちゃんが手にするおもちゃにも鈴《すず》がありますし、ほかにも、小さな玉をゆらして鳴らす「でんでん太鼓《だいこ》」もあります。正月にあげる凧《たこ》の中には、風を受けてセミの鳴き声のような音をたてるものがあります。夏になると、家の軒先《のきさき》に風鈴《ふうりん》をつるします。祭りの夜店に行けば、小鳥や虫の声をまねる小さな笛を見かけます。夏の夜を彩《いろど》る花火は、音を出す道具には見えませんが、もし音がなかったら少し迫力《はくりょく》も減《へ》りますね。

でんでん太鼓《だいこ》

ししおどし

音のあるくらし

日本庭園には、流れる水の重みで竹筒《たけづつ》がシーソーのように動いてさわやかな音をたてる「ししおどし」というしかけがあります。相撲《すもう》では呼出《よびだし》が太鼓《たいこ》や拍子木《ひょうしぎ》を打ちます。少し前までは、町を売り歩く豆腐屋《とうふや》さんがラッパを、ラーメン屋さんがチャルメラを鳴らしていました。寺院に行くと、僧侶《そうりょ》がお経《きょう》を読む時に使う木魚《もくぎょ》のほか、太鼓《たいこ》や金属《きんぞく》の鳴り物を見かけます。一年の終わりを締《し》めくくる「除夜《じょや》の鐘《かね》」は寺院にある大きな鐘《かね》（梵鐘《ぼんしょう》）の音です。

風鈴《ふうりん》

梵鐘《ぼんしょう》（曹洞宗大本山總持寺《そうとうしゅうだいほんざんそうじじ》）

音を楽しむ文化

身のまわりにある、これらの音はふつう、「玩具《がんぐ》」や「小道具」、「鳴り物」などとよばれ「楽器」とはいわないかもしれませんが、日本には実に多くの音を出す道具があります。これだけ多くの音を出す道具をもった国は世界中でもめずらしいと思います。これらは日本人の生活を彩《いろど》り、祈《いの》り・遊び・くつろぎといった場面を作り出すたいせつな道具です。日本には、こうした道具によって日常的《にちじょうてき》に音を楽しむ文化があるのです。これらの道具を日本の文化で生み出された楽器とよび、和楽器をそうした道具の仲間《なかま》と考えてみれば、和楽器がもっと身近なものに感じられるのではないでしょうか。

木魚《もくぎょ》（黄檗宗大本山萬福寺《おうばくしゅうだいほんざんまんぷくじ》）

●日本の音楽を生み出し、引きつぐ楽器たち

和楽器はいつごろから

実は、鈴《すず》は二千年以上前の弥生《やよい》時代にはすでに日本にあった楽器のひとつで、弥生《やよい》時代の遺跡《いせき》から見つかる銅鐸《どうたく》も、もともと音を出す道具だったことが、最近確《たし》かめられました。同じころ、木の板や箱に絃《げん》をはった、琴《こと》にあたる楽器もありました。4～5世紀ごろの埴輪《はにわ》からもその様子がわかります。鈴《すず》や銅鐸《どうたく》、琴《こと》は、神や先祖《せんぞ》に祈《いの》りや祭りをささげる人たちが使ったと考えられています。

弾琴埴輪《だんきんはにわ》

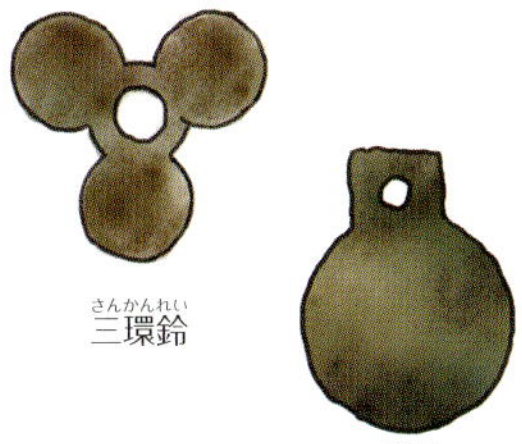

三環鈴《さんかんれい》

銅鈴《どうれい》

弥生《やよい》時代の鈴《すず》

飛鳥《あすか》・奈良時代から室町《むろまち》時代へ

飛鳥《あすか》時代から奈良時代（6～8世紀）には、朝鮮《ちょうせん》半島や中国から大がかりな音楽と踊《おど》りが日本に多く伝わってきました。これが現在《げんざい》の雅楽《ががく》の元になりました。雅楽《ががく》は、それまでにあった歌や踊《おど》りとも結びついて、天皇《てんのう》や貴族《きぞく》たちの間で、また大きな寺院や神社で、さかんに演奏《えんそう》されました。奈良時代の天皇《てんのう》の持ち物を納《おさ》めた正倉院《しょうそういん》には、琵琶《びわ》や笙《しょう》など、当時の楽器が今でも残されています。

室町《むろまち》時代（14～16世紀）ごろ、それまであった芸能《げいのう》や宗教《しゅうきょう》行事の要素《ようそ》を生かしてできあがった、仮面《かめん》を使って演《えん》じる舞踊演劇《ぶようえんげき》が能《のう》です。能《のう》は観阿弥《かんあみ》・世阿弥《ぜあみ》の親子がその基本的《きほんてき》な形を完成させました。幻想的《げんそうてき》でまじめな内容《ないよう》をもつ能《のう》に対して、日常《にちじょう》の人々の様子をおもしろく描《えが》いた狂言《きょうげん》という劇《げき》もあり、能《のう》と狂言《きょうげん》はよくいっしょに演《えん》じられます。江戸時代（17～19世紀）には、能《のう》がとても重んじられたので、多くの武士が能《のう》を熱心に学びました。

『餓鬼草紙《がきぞうし》』（国立国会図書館所蔵）

江戸の音楽は大にぎわい

一方、江戸時代の町人たちは、当時の新しい楽器である三味線《しゃみせん》をいち早く取り入れた音楽に親しみました。関西では人形芝居《にんぎょうしばい》と、義太夫節《ぎだゆうぶし》という三味線《しゃみせん》音楽が結びついて、文楽《ぶんらく》という人形劇《にんぎょうげき》ができました。さらに三味線《しゃみせん》音楽に流行の踊《おど》りや、文楽《ぶんらく》、能《のう》、狂言《きょうげん》の要素《ようそ》などが結びついて、歌舞伎《かぶき》という演劇《えんげき》が完成しました。歌舞伎《かぶき》は映画《えいが》やテレビのない時代に、その時々の流行や事件を人々に知らせる、時代の最先端《さいせんたん》をいく人気の芸能《げいのう》でした。

もともと雅楽《ががく》の楽器だった箏《こと》も、江戸時代はじめに三味線《しゃみせん》音楽とであいました。八橋検校《やつはしけんぎょう》という音楽家が有名な箏《こと》の独奏曲《どくそうきょく》「六段《ろくだん》」を作曲しましたが、その後は三味線《しゃみせん》と箏《こと》の合奏《がっそう》がふつうになりました。これに尺八《しゃくはち》（または胡弓《こきゅう》）を加えた3種類の楽器の合奏《がっそう》を「三曲《さんきょく》」とよびます。武士《ぶし》や町人の間でも、ちょうど今のピアノのように、おけいこごととして箏曲《そうきょく》を習うことがはやりました。箏《こと》は上品な趣味《しゅみ》として、特に女性《じょせい》にとってはあこがれの的でした。

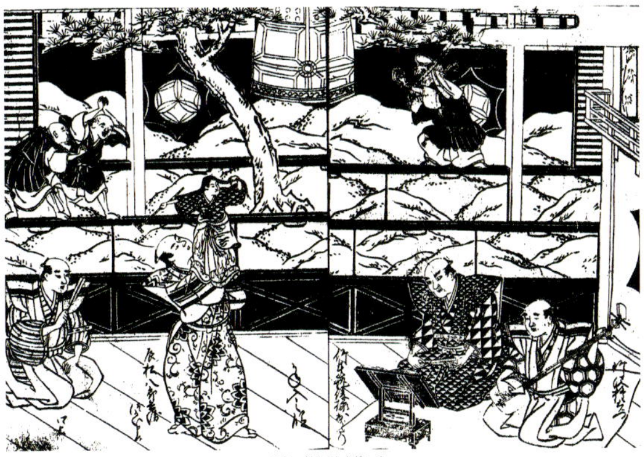

『今昔《こんじゃく》操《あやつり》年代記《ねんだいき》』（東京大学総合図書館所蔵）

「江戸名所百人美女」『赤さか氷川《ひかわ》』（都立中央図書館特別文庫室所蔵）

「江戸名所百人美女」『吉徳稲荷《よしとくいなり》』（都立中央図書館特別文庫室所蔵）

●三味線《しゃみせん》のはじまりと広がり

三味線《しゃみせん》の祖先《そせん》は

三弦《サンシェン》（中国）

　和楽器の代表ともいえる三味線《しゃみせん》。しかしその起源《きげん》がどこにあるのか、はっきりとはわかっていません。三味線《しゃみせん》のように長い棹《さお》をもち、絃《げん》をはじいて演奏《えんそう》する楽器が古代のエジプトにあり、今でもイラン、トルコから中央アジア、チベットにかけて広がっているので、おそらく西アジアに起源《きげん》があるのではないかと考えられています。三味線《しゃみせん》の直接《ちょくせつ》の祖先《そせん》といえるのは中国の「三《サン》弦《シェン》」という楽器です。その名のとおり３本の絃《げん》をはり、丸みをおびた胴体《どうたい》にニシキヘビの皮をはります。大型の「大三弦《ターサンシェン》」と小型の「小三弦《シャオサンシェン》」があり、このうち中国南部で使われている小《シャオ》三弦《サンシェン》が琉球《りゅうきゅう》王国（現在《げんざい》の沖縄県）に伝わり、やがて三線《さんしん》になったとされています。

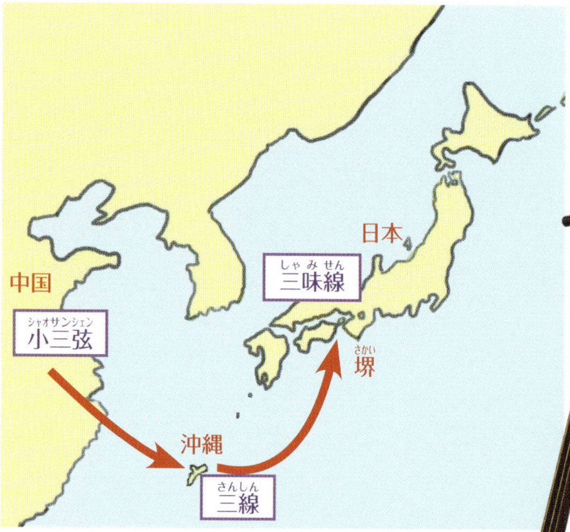

三線《さんしん》から三味線《しゃみせん》へ

　三線《さんしん》は、ニシキヘビの皮をはるところは三弦《サンシェン》と同じですが、水牛の角で作った爪《つめ》を指にはめて演奏《えんそう》します。この三線《さんしん》は琉球《りゅうきゅう》王国でさかんに用いられました。特に士族《しぞく》という上流階級の男《だん》性《せい》にとって、この楽器は教養のひとつとされました。現在《げんざい》でも三線《さんしん》は沖縄を代表する楽器として、歌や踊《おど》り、芝居《しばい》の伴奏《ばんそう》に活《かつ》躍《やく》しています。第二次世界大戦で焼け野原になった時にも、沖縄の人たちは空き缶《かん》などを材料に「カンカラ三線《さんしん》」を作り、その音楽で心の傷《きず》をいやしました。

　その三線《さんしん》にあたる楽器が 16 世紀半ば（室町《むろまち》時代の終わり）ごろ日本本土に伝わりました。これが三味線《しゃみせん》のはじまりです。その最初の窓口《まどぐち》は大阪府の堺《さかい》であったといいます。この新しい楽器を手にしたのは、当時全国で活躍《かつやく》していた琵琶法師《びわほうし》という人たちでした。琵琶法師《びわほうし》とは、琵琶《びわ》をひきながら平家物語を歌い語る、目の不自由な音楽家です。そのためか、三味線《しゃみせん》は三線《さんしん》よりも琵琶《びわ》に似《に》たところがあります。先が広がった大きなばちを使うところ、絃《げん》をひいた時に「ビーン」と鳴るような響《ひび》きがするところなどです。胴体《どうたい》にニシキヘビではなく猫《ねこ》の皮をはるようになったのもこのころからです。

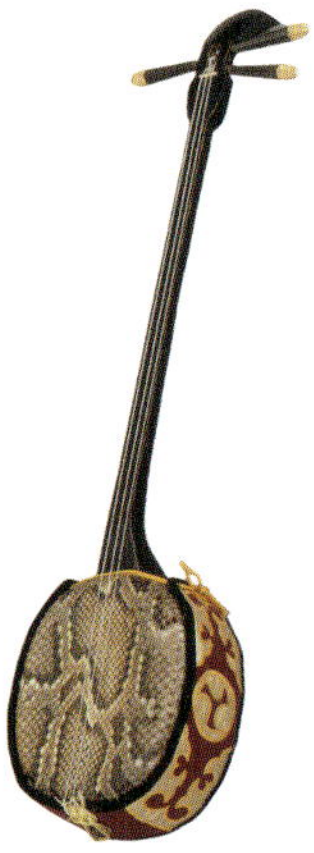

三線《さんしん》（沖縄）

三線《さんしん》の爪《つめ》

三味線《しゃみせん》の広がり

三味線《しゃみせん》

　17 世紀、江戸時代に入ると三味線《しゃみせん》はまたたく間に広まりました。このころは文楽《ぶんらく》（人形浄瑠璃《にんぎょうじょうるり》）や歌舞伎《かぶき》といった、新しい芸能《げいのう》や音楽が次々に生まれる時代でもありました。三味線《しゃみせん》は、それら新しい音楽にかかせない楽器となりました。しかもその音楽の種類にあわせてもっともふさわしい音色が出せるように、胴体《どうたい》の大きさ、重さ、棹《さお》の太さ、皮の厚《あつ》さ、ばちや駒《こま》の大きさなどを少しずつ変えた三味線《しゃみせん》が何種類も生まれました。微妙《びみょう》な音色のちがいにこだわりをもつ、日本人の音の楽しみ方が、三味線《しゃみせん》音楽を豊《ゆた》かなものにしていったといえます。

沖縄の楽器を知る

　沖縄県は 19 世紀までは琉球《りゅうきゅう》とよばれた独立《どくりつ》した王国でした。歴史や文化も日本本土とはちがい、日本のほかの地域《ちいき》とくらべて音楽も独特《どくとく》の発展《はってん》をしてきました。音楽と踊《おど》りは切り離《はな》せないもので、宮廷音楽《きゅうていおんがく》の流れをくむ古典音楽と庶民《しょみん》の間に広がる島唄《しまうた》（民謡《みんよう》）にわかれていました。楽器としては中国から伝わった三線《さんしん》やクーチョー、竹笛のファンソウ、カスタネットのように打ち鳴らす三《さん》板《ば》、パーランクーなどの太鼓《たいこ》類があります。

パーランクー

ファンソウ（琉球笛《りゅうきゅうふえ》）

三板《さんば》

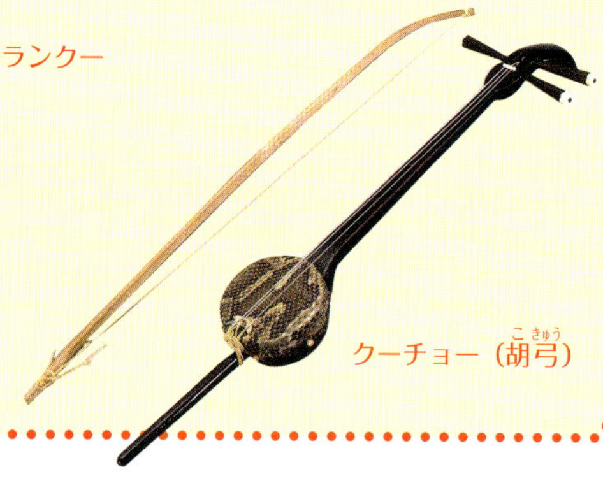

クーチョー（胡弓《こきゅう》）

アジアの中の和楽器

和楽器のきた道

中国の琵琶《びわ》

実は三味線《しゃみせん》だけでなく、箏《こと》、琵琶《びわ》、尺八《しゃくはち》といった和楽器の大部分は日本以外の外国から伝わってきたものです。その歴史がはっきりしない楽器も、よく似《に》たものがアジアの各国に見られます。和楽器の親戚《しんせき》ともいえるアジアの楽器にはどんなものがあるでしょうか。

琵琶《びわ》の祖先《そせん》は遠くペルシア（イラン）にあるといいます。アジアの東西をつなぐ道、シルクロードを通ってこれが中国に入り、奈良時代に日本に伝来しました。この楽器は同じシルクロードを通ってペルシアから西にもわたりました。アラブ地域《ちいき》ではウードという名前で、今でもよく演奏《えんそう》されています。さらにウードがヨーロッパに伝えられたものがリュートです。リュートはバロック時代（17～18世紀、バッハやヴィヴァルディが活躍《かつやく》したころ）まで非常《ひじょう》に流行しました。

ウード

リュート

箏《こと》も中国から来ましたが、韓国《かんこく》の伽倻琴《カヤグム》も箏《こと》にたいへんよく似《に》ています。ただし伽倻琴《カヤグム》はつけ爪《づめ》を使わずに指でひきます。楽器をひざの上において演奏《えんそう》するところもちがいます。箏《こと》の仲間《なかま》は中国、韓《かん》国《こく》のほかにモンゴルやベトナムにもあり、みな胴体《どうたい》が丸みをおびた、かまぼこのような形をしています。

伽倻琴《カヤグム》

人の手から手に

絃楽器《げんがっき》にくらべると、笛や太鼓《たいこ》はそのルーツがはっきりしないものが多くあります。歴史がわからないくらい古くからある楽器だからでしょう。ところで和楽器の笛というと、尺八《しゃくはち》を別にすれば、たて笛より横笛のほうがふつうです。しかし世界的に見ると、むしろたて笛のほうが多く見られます。管を横にして吹《ふ》く笛は、インドを中心に、アジアとヨーロッパに帯のように広がっています。この帯は非常《ひじょう》に長い時間をかけてできた文化の流れです。その中に日本の笛もある、ということだけがわかっています。

機会があったら、和楽器の親戚《しんせき》たちの音をぜひききいてみてください。文字も記録もない時代から人々が音楽に親しんできたこと、ひとつの楽器が音楽をする人の手から手にわたり、時には数万キロにおよぶ旅をしてきたこと、和楽器とその親戚《しんせき》は、そうした人間の営《いとな》みを教えてくれる貴重《きちょう》な文化遺産《いさん》であることがわかるでしょう。

北インド古典音楽の演奏《えんそう》風景。右端《はし》がバーンスリー（横笛）、絃楽器《げんがっき》は中央のシタール、右後ろがタンプーラー、打楽器は左後ろのタブラです。

和太鼓《わだいこ》の仲間《なかま》たち

打楽器である太鼓《たいこ》は、世界各地のいろいろな民族に伝わっています。作られている材料や色づかい、そして形も本当にさまざまです。ここで紹介《しょうかい》する世界の打楽器はごく一部ですが、鼓《つづみ》に似《に》た形の物や、でんでん太鼓《だいこ》のような物などが見られます。

ダラブッカ（エジプト）

ダマル（チベット）

トーキングドラム（ブルキナファソ）

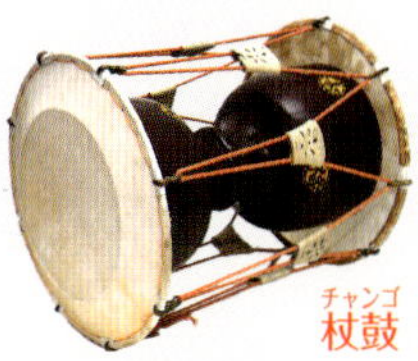

杖鼓《チャンゴ》（韓国《かんこく》）

コンガ（キューバ）

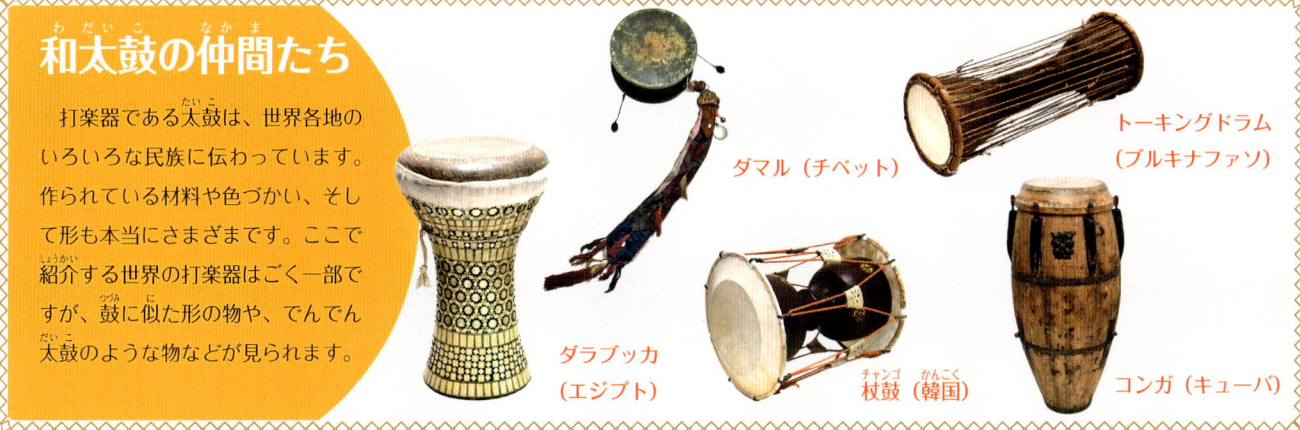

●広がる和楽器の活躍《かつやく》

和楽器は日本の古典音楽以外でも、いろいろなかたちで活躍《かつやく》しています。新しい和楽器の活躍《かつやく》を見てみましょう。

数十台の太鼓《たいこ》でのパフォーマンス演奏《えんそう》

樹齢《じゅれい》400年の大木で作った大きな太鼓《たいこ》を中心に、多くの和太鼓《わだいこ》を組みあわせて演奏《えんそう》する「倭《やまと》」は、日本だけでなく世界でも注目をあびている集団です。迫力《はくりょく》ある太鼓演奏《たいこえんそう》だけでなく、衣装《いしょう》や動きなどのパフォーマンスにもこだわり、独創的《どくそうてき》な舞台《ぶたい》の演出《えんしゅつ》が特徴《とくちょう》となっています。

アジアや欧米《おうべい》など、海外公演《こうえん》は1,000回以上おこなっています。

ゲームやインターネット上の音楽を和楽器で表現《ひょうげん》

和楽器集団の杵家七三社中《きねいえなみしゃちゅう》は、ゲーム音楽や、インターネット上に流れる電子音楽などを本格的な和楽器で演奏《えんそう》しています。演奏《えんそう》の映像はインターネットで流され、若い人からも注目をあびました。

ゲーム音楽が元になった「邦楽《ほうがく》BadApple!!《バッドアップル》 傷林《しょうりん》果《か》」の動画の一部です。

指揮者《しきしゃ》がいる和楽器のオーケストラ

伝統《でんとう》にしばられない現代邦楽《げんだいほうがく》として、新しい分野を切り開いたのが、1964（昭和39）年に誕生《たんじょう》した「日本音楽集団」です。日本の古典音楽の合奏《がっそう》では指揮者《しきしゃ》がいませんが、中央に指揮者《しきしゃ》がいるのも特徴《とくちょう》です。五線譜《ごせんふ》を見て演奏《えんそう》します。たくさんの和楽器が集まった、オーケストラのように見えます。

箏《こと》、琵琶《びわ》、三味線《しゃみせん》、尺八《しゃくはち》、太鼓《たいこ》など、いろいろな和楽器の共演《きょうえん》です。

海外の伝統《でんとう》音楽・芸能《げいのう》との共演《きょうえん》

韓国《かんこく》の横笛デグムや舞踊《ぶよう》サルプリチュムと、日本の打楽器・笛や舞踊《ぶよう》の共演《きょうえん》です。日韓《にっかん》交流としておこなわれた音楽会で上演《じょうえん》されました。

「日韓《にっかん》交流音楽会　海をわたる笛の風」（2014年10月）の公演《こうえん》の様子です。

他ジャンルとの共演《きょうえん》

ジャズという音楽でも和楽器は活躍《かつやく》しています。篠笛《しのぶえ》や尺八《しゃくはち》、箏《こと》、三味線《しゃみせん》、和太鼓《わだいこ》などいろいろな楽器が、それぞれの個性《こせい》を生かして演奏《えんそう》され、新しい音楽を作りあげています。

ライブハウスでジャズを演奏《えんそう》している篠笛《しのぶえ》と尺八《しゃくはち》。

ワークショップで和楽器体験

和楽器を見たりさわったりしたことがないという人がたくさんいます。そこで、最近では和楽器の体験ができるワークショップがいろいろなところで開催《かいさい》されています。東京藝術《げいじゅつ》大学でも、毎年夏休みに公開講座《こうざ》「はじめてのお囃子《はやし》」として開催《かいさい》され、小学生から大人まで、楽しんで参加しています。

●和楽器職人《しょくにん》になるには●

和楽器職人《しょくにん》とは箏《こと》、三味線《しゃみせん》、尺八《しゃくはち》、和太鼓《わだいこ》など、それぞれの伝統《でんとう》の楽器を作る職人《しょくにん》のことです。楽器の仕組みを理解《りかい》し、音感や素材《そざい》を見極めるなど長い修行《しゅぎょう》が必要です。和楽器職人《しょくにん》になるには弟子《でし》入りや工房《こうぼう》に入る道もあります。和太鼓《わだいこ》作りの職人《しょくにん》にきいてみました。

和太鼓職人《わだいこしょくにん》

宮本卯之助商店《みやもとうのすけしょうてん》　太鼓部長《たいこぶちょう》
木場《きば》 將行《まさゆき》 さん

太鼓《たいこ》の大きさに切り出された丸太に向かう、そこから太鼓《たいこ》作りがはじまります。木のまわりや中心をけずる胴《どう》作りは、木目《もくめ》をよみ、木の質《しつ》を見ぬくことからです。木にあわせ、それを自分のイメージする厚《あつ》みへとけずること、太鼓《たいこ》作りのおもしろさは、自分の思いどおりにしあげができたときにあります。しかし、カンナ研《と》ぎから、胴《どう》作り、皮《かわ》はりと、ひととおりの工程《こうてい》ができるようになるには10年はかかります。もちろん、それで完成ではなく職人《しょくにん》としては一生が追求です。まずは、今の自分ができる仕事をきちんとやることからだと思います。

子どものころから物作りが好きで、幼《おさな》いころ、祭りで太鼓《たいこ》のここちよい音をきき、どうやって太鼓《たいこ》が作られているのか興味《きょうみ》をもちました。学生時代は吹奏楽《すいそうがく》のトランペット奏者《そうしゃ》でしたが、和楽器作りの道に入りました。現在《げんざい》、太鼓《たいこ》作りと修理《しゅうり》をしています。太鼓《たいこ》は、保管《ほかん》やあつかいがよいと、100～200年はもつ和楽器です。修理《しゅうり》で持ちこまれる中には江戸《えど》時代のものもあります。それは先人の職人《しょくにん》の仕事を見るよい機会ですし緊張《きんちょう》もあります。自分が作る太鼓《たいこ》も、

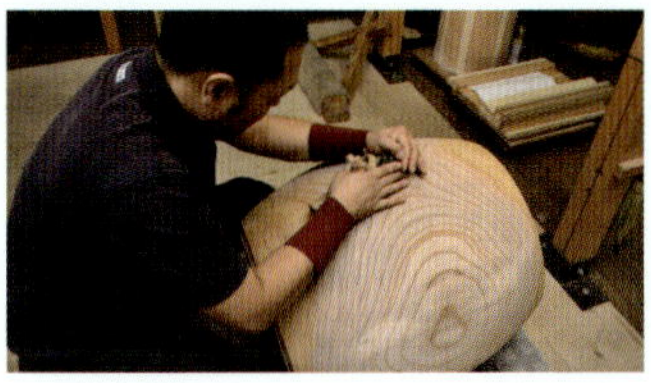

将来《しょうらい》同じようにだれかが見ることもあります。数十年後にも自分に恥《は》じないよい太鼓《たいこ》を作るようにと心がけています。

●和楽器奏者《そうしゃ》になるには●

和楽器奏者《そうしゃ》になるには、ぜったいに必要な資格《しかく》はありません。一番は音楽が好きであることがたいせつです。多くの人は幼《おさな》いころからレッスンを受け、高校卒業後に音楽系の専門《せんもん》学校や大学に進む場合が多いです。篠笛《しのぶえ》の奏者《そうしゃ》にきいてみました。

篠笛奏者《しのぶえそうしゃ》

邦楽囃子笛方鳳聲流《ほうがくはやしふえかたほうせいりゅう》
鳳聲《ほうせい》 晴久《はるひさ》 さん

3歳《さい》からバイオリンを習っていましたが、5、6歳《さい》のころ、地元の祭囃子《まつりばやし》に、わくわくしながら笛や太鼓《たいこ》などで参加していました。祭りが身近にあり、演奏《えんそう》した晴れ舞台《ぶたい》は、わたしにとって和楽器を好きになったことの大きな原体験《げんたいけん》といえます。9歳《さい》で大叔父《おおおじ》に祭囃子《まつりばやし》の手ほどきを受け、篠笛《しのぶえ》をはじめました。

高校生のときには、江戸里神楽若山流家元《えどさとかぐらわかやまりゅういえもと》の若山胤雄《わかやまたねお》先生に入門して祭囃子《まつりばやし》、神楽囃子《かぐらばやし》の教えを受けました。よい師匠《ししょう》とのであいもたいせつです。その後、大学で邦楽囃子《ほうがくはやし》を学び、邦楽囃子《ほうがくはやし》と祭囃子《まつりばやし》・神楽囃子《かぐらばやし》の両方の道に進むことができました。

和楽器のおもしろさはむずかしくなく、自由なところにあります。自分で音を楽しめ、個性《こせい》を受け入れてくれるのも魅力《みりょく》のひとつです。もし世界や海外に興味《きょうみ》があるのなら和楽器をはじめてください。和楽器で、ことば以上のコミニケーションをとれるはずです。わたしの願いのひとつは、日本の文化を見つめ直し、世界に日本の文化を紹介《しょうかい》していくことです。日本の笛が、世界の文化としてあたりまえになることが目標です。みなさんも、ぜひ早く和楽器とのであいを楽しんでみてください。

和楽器と日本文化

この本を読んだみなさんは、和楽器にはどんな種類があるのか、また、それぞれに作り方や演奏《えんそう》方法がちがい、いろいろな組みあわせで豊富《ほうふ》な音楽分野を作っていることなどがわかってきたのではないでしょうか。日本の伝統《でんとう》音楽は、古い音楽が時代や外国の影響《えいきょう》を受けて新しい音楽が生まれても、その両方が残り今も伝えられています。その伝統《でんとう》音楽の代表が「雅楽《ががく》」です。楽器の形も演奏《えんそう》方法も、音楽も1,000年以上ずっと守り伝えられてきました。今では伝統《でんとう》文化とされている歌舞伎《かぶき》で演奏《えんそう》される長唄《ながうた》は、江戸《えど》時代の当時はとても斬新《ざんしん》な音楽でした。それぞれの音楽が、みなさんの時代も、またその先の時代へも伝承《でんしょう》されてほしいですね。

そんな日本の和楽器も、実際《じっさい》には気候や文化の変化により、入手がむずかしくなってきた材料もあります。この日本の貴重《きちょう》な音楽文化を残し伝えていくには、楽器を作る人がいて、演奏《えんそう》する人がいて、それをきく人がいる、ということがもっともたいせつです。和楽器に興味《きょうみ》をもち、日本の音楽をいろいろきいてみてください。独特《どくとく》な音階、独特《どくとく》なリズム、独特《どくとく》な音のゆらぎなど、日本の音楽の個性《こせい》が発見できるはずです。そして、機会があれば、ぜひふれてみてください。素朴《そぼく》で繊細《せんさい》な楽器から生まれる音を体感すれば、もっともっと和楽器が好きになるでしょう。

著者…和の技術を知る会
撮影…イシワタフミアキ
装丁・デザイン…ＤＯＭＤＯＭ
イラスト…坂本真美（ＤＯＭＤＯＭ）
編集協力…山本富洋、山田　桂

■撮影・取材協力
東京藝術大学音楽学部
東京都台東区上野公園 12-8
http://www.geidai.ac.jp/

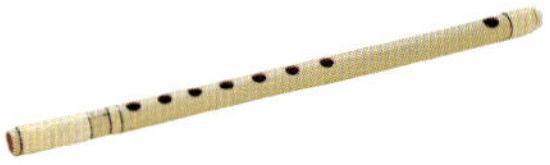

＜邦楽科＞雅楽：三浦元則、能楽：関根知孝、箏曲・箏：萩岡松韻、長唄三味線：小島直文、邦楽囃子・締太鼓：藤舎呂雪、邦楽囃子・小鼓：盧 慶順、祭囃子・神楽囃子：若山 修、能管：竹井誠　＜楽理科＞植村幸生

（株）宮本卯之助商店
東京都台東区西浅草 2-1-1
http://www.miyamoto-unosuke.co.jp/

■参考資料
『和楽器の世界』西川浩平著／河出書房新社 2008
『日本音楽との出会いー日本音楽の歴史と理論ー』　月渓恒子著／東京堂出版 2010
『図解　日本音楽史』田中健次著／東京堂出版 2008
『日本の楽器　日本の音』［1 打楽器］［2 弦楽器］［3 管楽器］［5 歴史］各、高橋秀雄 総監修・著、佐藤敏直音楽監修／小峰書店 2002
『日本の音と楽器（日本の伝統芸能 8)』高橋秀雄・芳賀日出男監修、小柴はるみ著／小峰書店 1995
『やさしく学べる箏教本』福永千恵子著、現代邦楽研究所編／汐文社 2003
『やさしく学べる三味線教本』西潟昭子著、現代邦楽研究所編／汐文社 2003

■写真・図版・資料協力
＜カバー・表紙＞
和太鼓製作・楽太鼓・大鼓：（株）宮本卯之助商店、神楽囃子演奏：江戸里神楽 若山社中、箏曲演奏：日本三曲協会、那智の田楽：那智勝浦町

P1 ～ 3 ＜本扉／はじめに／もくじ＞
箏曲演奏 (P1)：三曲協会、箏曲演奏 (P2)：萩岡松韻、楽琵琶：浜松市楽器博物館、大鼓：（株）宮本卯之助商店、箏製作：國井琴製作所、能管演奏：竹井誠、おわら風の盆：（一社）越中八尾観光協会、水道管尺八：遠藤晏弘尺八工房［遠藤鈴匠］、和楽器合奏：日本音楽集団

P4 ～ 9 ＜和楽器の世界へようこそ＞
鉦鼓・楽太鼓・三ノ鼓・笏拍子・笙・楽箏・能管・小鼓・大鼓・太鼓・締太鼓・篠笛・木柾・木魚・オルゴール・雨団扇・大太鼓・大締太鼓・桶締太鼓・大拍子・当り鉦・底抜屋台・祭礼用曳太鼓：（株）宮本卯之助商店、鞨鼓・神楽笛・龍笛・高麗笛・篳篥・楽琵琶・和琴・短箏・中棹三味線・太棹三味線：浜松市楽器博物館、管絃・舞楽「打球楽」：宮内庁式部職楽部、能演目「乱」：（公社）能楽協会／前島写真店、箏曲演奏：萩岡松韻、尺八：遠藤晏弘尺八工房［遠藤鈴匠］、長唄「元禄花見踊」の演奏：東京藝術大学、獅子舞・江戸獅子舞の囃子：江戸里神楽 若山社中

P10 ～ 15 ＜和楽器作りの技を見てみよう＞
箏作りのスゴ技：國井琴製作所、三味線作りのスゴ技：（有）加藤邦楽器［卓越技能章 加藤昭二／加藤 章］、尺八作りのスゴ技：遠藤晏弘尺八工房［遠藤鈴匠］、和太鼓作りのスゴ技：（株）宮本卯之助商店

P16 ～ 21 ＜和楽器演奏の技を見てみよう＞
箏の演奏：萩岡松韻、生田流：日本三曲協会、三味線の演奏：東音小島直文、能管の演奏：竹井誠、一噌流唱歌集 上巻：わんや書店より転載、尺八の演奏：青木鈴慕・青木彰時、締太鼓の演奏：藤舎呂雪、小鼓の演奏：盧 慶順

P22 ～ 23 ＜和楽器のある祭り＞
盛岡さんさ踊り：盛岡さんさ踊り実行委員会、三社祭 噺子：江戸里神楽 若山社中、三社祭 神輿：（公財）東京観光財団、おわら風の盆：（一社）越中八尾観光協会、出雲神楽：雲南市、那智の田楽：那智勝浦町、壬生の花田植：北広島町商工観光課、小倉祇園太鼓：小倉祇園太鼓保存振興会、平敷屋エイサー：うるま市役所商工観光課、ハワイの盆踊り：Scott Mita ／ Paul Sakamoto ／松田愛

P24 ～ 25 ＜水道管尺八作りにチャレンジ！＞
遠藤晏弘尺八工房［遠藤鈴匠］

P26 ～ 31 ＜もっと和楽器を知ろう＞
でんでん太鼓：日本玩具博物館、梵鐘：曹洞宗大本山總持寺、木魚：黄檗宗大本山萬福寺、弾琴埴輪：福島県立博物館、餓鬼草紙：国立国会図書館、今昔操年代記：東京大学総合図書館、「江戸名所百人美女」『赤さか氷川』・「江戸名所百人美女」『吉徳稲荷』：都立中央図書館特別文庫室所蔵、三線・三線の爪・三味線・パーランクー・ファンソウ・三板・クーチョー：浜松市楽器博物館、三味線演奏：日本三曲協会、三弦・琵琶・ウード・伽倻琴：東京藝術大学 小泉文夫記念資料室、リュート：奥清秀弦楽器工房、北インド古典音楽の演奏風景：演奏者［寺原 太郎（バーンスリー）／ H. Amit Roy（シタール）／ U-zhaan・池田 絢子（タブラ）／田村 早蓉子・木村 恵実香（タンブーラー）］・井生 明撮影、ダラブッカ・ダマル・杖鼓・トーキングドラム・コンガ：（株）宮本卯之助商店、広がる和楽器の活躍：和太鼓集団 倭-YAMATO ／杵家七三社中／ niconico ／日本音楽集団／西川浩平／横浜エアジン［藤舎也生（笛）／ 大由鬼山（尺八）／城田有子（ピアノ）／内田光昭（トロンボーン）／松浦賢二（ドラム）］、和楽器職人になるには：（株）宮本卯之助商店、和楽器奏者になるには：鳳聲晴久

（敬称略）

※和楽器には一部、ワシントン条約で国際取引が規制されている象牙やべっ甲が使われています。国内で取り扱う場合は、「種の保存法」に基づいて、環境省・経済産業省に届出をし、「特定国際種事業者」として取り扱うことが認められています。

子どもに伝えたい和の技術 6　**和楽器**

2016 年 3 月　初版第 1 刷発行　　2025 年 8 月　第 9 刷発行

著 …………………… 和の技術を知る会
発行者 …………… 水谷泰三
発行所 …………… 株式会社**文溪堂**　〒 112-8635　東京都文京区大塚 3-16-12
TEL：編集 03-5976-1511
営業 03-5976-1515
ホームページ：https://www.bunkei.co.jp
印刷 ……………… TOPPANクロレ株式会社
製本 ……………… 株式会社ハッコー製本
ISBN978-4-7999-0148-9/NDC508/32P/294㎜× 215㎜